Nelusko Linguanotto Neto,
Renato Freire e Isabel Lacerda

MISTURANDO SABORES

RECEITAS E HARMONIZAÇÃO DE ERVAS E ESPECIARIAS

ADMINISTRAÇÃO REGIONAL DO SENAC NO ESTADO DE SÃO PAULO

Presidente do Conselho Regional
Abram Szajman

Diretor do Departamento Regional
Luiz Francisco de A. Salgado

Superintendente Universitário e de Desenvolvimento
Luiz Carlos Dourado

EDITORA SENAC SÃO PAULO

Conselho Editorial
Luiz Francisco de A. Salgado
Luiz Carlos Dourado
Darcio Sayad Maia
Lucila Mara Sbrana Sciotti
Luís Américo Tousi Botelho

Gerente/Publisher: Luís Américo Tousi Botelho
Coordenação Editorial: Verônica Pirani de Oliveira
Prospecção: Dolores Crisci Manzano
Administrativo: Verônica Pirani de Oliveira
Comercial: Aldair Novais Pereira

Supervisão Editorial: Wanessa Nemer
Projeto Gráfico, Capa e Diagramação: Mayumi Okuyama
Fotos: Mauro Holanda
Produção Fotográfica: Tereza Galante
Copidesque: Simone Teles
Coordenação de Revisão de Texto: Marcelo Nardeli
Revisão: Sonia Cardoso
Coordenação de E-books: Rodolfo Santana
Impressão e Acabamento: Maistype

Proibida a reprodução sem autorização expressa.
Todos os direitos desta edição reservados à
Editora Senac São Paulo
Av. Engenheiro Eusébio Stevaux, 823 – Prédio Editora
Jurubatuba – CEP 04696-000 – São Paulo – SP
Tel. (11) 2187-4450
editora@sp.senac.br
https://www.editorasenacsp.com.br

© Editora Senac São Paulo, 2016

Dados Internacionais de Catalogação na Publicação (CIP)
(Jeane Passos de Souza – CRB 8ª/6189)

Linguanotto Neto, Nelusko
   Misturando sabores : receitas e harmonização de ervas e especiarias / Nelusko Linguanotto Neto, Renato Freire, Isabel Lacerda. – São Paulo : Editora Senac São Paulo, 2016.

   Bibliografia.
   ISBN 978-85-396-1148-5

   1. Ervas e especiarias – Culinária I. Freire, Renato. II. Lacerda, Isabel. III. Título.

16-433s   CDD-641.3383
                                                641.6383
                                        BISAC CKB040000

Índice para catálogo sistemático:
1. Ervas e especiarias   641.3383
2. Ervas e especiarias – Culinária   641.6383

NOTA DO EDITOR

As ervas e especiarias são utilizadas pelos povos desde a Antiguidade, seja na culinária, como tempero e para conservar alimentos, seja com fins medicinais, na preparação de óleos e medicamentos. Especialmente nos séculos XV e XVI, as especiarias foram um bem tão valioso que impulsionaram as grandes navegações. Hoje em dia podemos encontrar uma grande variedade desses temperos em supermercados e lojas especializadas, e seu uso na gastronomia aumentou consideravelmente as possibilidades de combinações e harmonizações. Algumas — como manjericão com tomate, estragão com carnes, alecrim com batatas — tornaram-se "clássicos" da culinária internacional.

Mas com a oferta cada vez maior de ervas importadas, temperos exóticos e especiarias, esse universo de sabores nem sempre é explorado com segurança pelas pessoas que se interessam por culinária, e até mesmo cozinheiros experientes podem ter alguma dificuldade na hora de identificar certas espécies e definir qual é a mais adequada para este ou aquele prato.

Para ampliar as informações e o conhecimento sobre o tema, Nelusko Linguanotto Neto, Renato Freire e Isabel Lacerda falam dos temperos consagrados e apresentam as características e as possibilidades de uso de 59 especiarias e ervas, além de 25 tipos de misturas usadas na culinária internacional. Cada erva ou especiaria é apresentada pelo nome popular em português e em cinco idiomas — espanhol, inglês, francês, italiano e alemão — com informações técnicas sobre sua origem, propriedades físico-químicas, quantidades adequadas de uso e uma sugestão de receita que harmoniza ingredientes, sabores e aromas. Para facilitar a identificação todas são ilustradas com fotos especialmente produzidas para o livro.

Com esta publicação, o Senac São Paulo espera contribuir para o aperfeiçoamento dos profissionais da área de gastronomia e dar subsídios para despertar a criatividade das pessoas que gostam de cozinhar ou apreciam uma culinária aromática.

SUMÁRIO

8 INTRODUÇÃO
12 TEMPEROS BÁSICOS
22 PROCESSOS

25 ERVAS, ESPECIARIAS E RECEITAS

Açafrão (*Crocus sativus*) 26
 Tartelettes de pera com açafrão

Aipo (salsão) (*Apium graveolens L.*) 28
 Salada de frango defumado, batata yacon e semente de aipo

Ajowan (*Carum ajowan*) 30
 Canelone de baroa com molho de lentilhas e ajowan

Alcaçuz (*Glycyrrhiza glabra*) 32
 Pudim de alcaçuz

Alecrim (*Rosmarinus officinalis*) 34
 Caipicrim

Anato (urucum) (*Bixa orellana*) 36
 Arroz de polvo, paio e anato

Anis-estrelado (*Illicium verum*) 38
 Confit de pato ao molho de açaí e anis-estrelado

Assa-fétida (*Ferula assafoetida L.*) 40
 Hambúrguer vegetariano

Azedinha (*Rumex acetosa*) 42
 Rosas de salmão num jardim de azedinhas

Baunilha (*Vanilla planifolia*) 44
 Purê de batata-doce com baunilha

Canela (*Cinnamomum zeylanicum*) 46
 Filé-mignon de porco com lulas e canela

Capim-limão (*Cymbopogon Citratus*) 48
 Filé de frango com capim-limão, manga e coco

Cardamomo (*Elettaria cardamomum*) 50
 Chutney de jaca ao cardamomo

Cebolinha (*Allium schoenoprasum*) 52
 Talos de cebolinha ao molho de feijão-preto

Cerefólio (*Anthriscus cerefolium*) 54
 Omelete de banana com queijo e cerefólio

Coentro (*Coriandrum sativum*) 56
 Filé de frango com crosta de coentro

Cominho (*Cuminum cyminum*) 58
  Creme inglês de cominho

Cravo-da-índia (*Eugenia caryophyllata*) 60
  Tortinha folhada de pé de moleque e cravo-da-índia

Cúrcuma (*Curcuma longa*) 62
  Ovo de acaçá

Curry Folhas (*Murraya Koenigii, Chalcas Koenigii*) 64
  Creme de iogurte, melancia e folhas de curry

Endro (*Anethum graveolens*) 66
  Filé de peixe ao papillote com endro

Erva-de-santa-maria (*Chenopodium ambrosioides*) 68
  Feijoada marinha com erva-de-santa-maria

Erva-doce (*Pimpinella anisum*) 70
  Bolo de fubá de canjica, queijo minas, erva-doce e goiabada

Estragão (*Artemisia dracunculus*).................72
  Tranças de linguado ao molho de estragão e uvas

Fagara (*Zanthoxylum piperitum*) 74
  Bolinho de porco com camarão com fagara

Feno-grego (*Trigonella foenum-graecum*) 76
  Xarope de balsâmico, rapadura e feno-grego

Galanga (*Alpinia, Kempferia Galanga*) 78
  Arroz de camarão e galanga

Gengibre (*Zingiber officinale*) 80
  Purê de banana-da-terra, gengibre e aroma de limão-siciliano

Gergelim (*Sesamum indicum*) 82
  Damasco recheado com queijo e gergelim

Grãos-do-paraíso (*Aframomum melegueta*) .. 84
  Peito de pato com grãos-do-paraíso

Hortelã (*Menta Spicata*) 86
  Sopa Bloody Mary

Limão kaffir (*Citrus hystrix*) 88
  Camarão com mogango e limão kaffir

Kümmel (*Carum carvi*) 90
  Repolho-roxo com kümmel

Louro (*Laurus nobilis*) 92
  Mexilhões laureados

Macis (*Myristica fragrans*)......................... 94
  Abacate grelhado com macis

Mahaleb (*Prunus mahaleb*) 96
  Torta de feijão-branco com laranja

Manjericão (*Ocimum basilicum*) 98
  Goiabas gratinadas à caprese

Manjerona (*Manjorana hortensis*) 100
  Polenta cremosa aos quatro cogumelos

Menta (*Mentha piperita*) 102
  Salada de lentilhas com mogango e menta

Mostarda (*Brassica alba* [amarela]; *Brassica juncea* [marrom]; *Brassica nigra* [preta]) ..104
  Picadinho de filé com mostarda, uvas e passas

Nigela (*Nigella sativa*) 106
  Telhas de nigela

Noz-moscada (*Myristica fragrans*) 108
  Bacalhau gratinado com baroa

Orégano (*Origanum vulgare*) 110
  Frango ao forno com orégano e limão

Papoula (*Papaver somniferum*) 112
  Biscoitão com semente de papoula

Páprica (*Capsicum annuum*) 114
  Peito de peru com páprica

Pimentas (*Capiscum*) 116

  Pimenta-malagueta (*Capsicum frutescens*) ...117
    Molho de pimenta-malagueta
  Pimenta dedo-de-moça/pimenta calabresa (*Capsicum frutescens*) 118
    Compota de frutas picante
  Pimenta-rosa (*Schinus terebinthifolius*) 120
    Fettuccine requintado

Pimenta-da-jamaica (*Pimenta dioica*) 121
Creme de couve-flor, gorgonzola e frutas secas

Pimenta-do-reino (*Piper nigrum*) 122
Molho agridoce de três pimentas

Poejo (*Mentha pulegium*) 124
Sopa gelada de melão com poejo

Raiz-forte (*Armoracia rusticana*) 126
Suflê de chuchu com salmão defumado e raiz-forte

Salsa (*Petroselinum crispum*) 128
Salsinha decorativa

Sálvia (*Salvia officinalis*) 130
Sopa creme de abóbora com sálvia frita

Sassafrás (*Sassafras officinalis*) 132
Jambalaia

Segurelha (*Satureia hortensis*) 134
Champignons recheados com segurelha

Sumagre (*Rhus corioria*) 136
Salada de beterraba, queijo de cabra, nozes e sumagre

Tomilho (*Thymus vulgaris*) 138
Focaccia de baroa e tomilho

Zimbro (*Juniperus communis*) 140
Lombinho ao zimbro

142 MISTURAS

Adobo cubano 143

Barbecue..143

Bouquet garni 144

Cajun 144

Chili powder 144

Cinco especiarias chinesas........................144
Bombom 1001 perfumes

Colorau 146
Purê de inhame colorido

Creole 146
Gumbo creole

Curry 147
Trouxinhas de bananas ao curry

Dukkah...148
Molho de iogurte e dukkah

Fines herbes..148

Garam masala 149
Arroz com Coca-Cola

Gersal...149
Arroz integral frito com nirá e gersal

Harissa 150
Kebab de frango com abacaxi

Herbes de provence...................................150

Lemon pepper 151

Pach phoran 151
Taioba gratinada ao pach phoran

Pimenta síria 152
Torta de triguilho, abóbora, gorgonzola e nozes

Quatre epices.. 152

Ras el hanout 153

Sambar masala.. 153
Camarão com sambar masala e manga

Shishimi-togarashi 153

Tandoori 154

Zathar 154
Palitos folheados de zathar

Zhug.. 155

156 REFERÊNCIAS

INTRODUÇÃO

MISTURANDO SABORES: CRIANDO SENSAÇÕES

A utilização de ervas e especiarias pela humanidade se confunde com a própria história da culinária. Capazes de melhorar o paladar, a conservação e a coloração dos alimentos, elas eram também usadas há muito pelos povos antigos, como medicamentos, aromatizantes de perfumes, ou como incenso em rituais religiosos. No Egito Antigo, por exemplo, além do uso culinário, eram utilizadas no processo de embalsamento de seus mortos ilustres.

Ricas em óleos essenciais e outras substâncias aromáticas, as ervas e especiarias têm usos ilimitados na culinária e podem ser usadas em qualquer tipo de preparação, desde que respeitadas as proporções corretas. Usadas puras ou em misturas, o segredo do sucesso de uma receita está na dosagem certa de seus temperos. Ricas em princípios ativos com propriedades medicinais, muitas delas servem tanto para facilitar a digestão, como para auxiliar o organismo na melhor absorção dos nutrientes contidos nos alimentos.

Com suas várias aplicações, as especiarias se espalharam pela Grécia Antiga e foram muito populares durante o Império Romano. Reza a lenda que, nos banquetes oferecidos pelo imperador romano Nero, além de serem usadas para temperar os alimentos, eram colocadas no sistema de ventilação para perfumar o ambiente. Em seguida, o uso das especiarias sofreu um declínio, principalmente pela queda da oferta. Séculos depois, levadas a peso de ouro pelas caravanas árabes dos confins do Extremo Oriente para a Europa, foram aos poucos retomando seu posto nas cozinhas europeias. Mas foi a partir da época das grandes navegações, com a descoberta das Américas e dos caminhos marítimos para o Oriente, que o mercado de especiarias voltou a ter a importância que tinha na Antiguidade. Elas passaram a ser novamente muito cobiçadas por seu grande valor comercial. Como eram produtos monopolizados, a oferta controlada mantinha os preços nas alturas.

Conta-se que ao chegar na Ilha de Hispaniola (hoje São Domingos), Colombo achou que a ardência dos pratos locais se devia à pimenta-do-reino, só algum tempo depois descobriu que eram outros frutos, nativos e ainda desconhecidos, que conferiam aquele sabor aos alimentos. Se ainda hoje há confusão entre as espécies e famílias das ervas, imagine como deve ter sido quando de sua descoberta. Com nomes inusitados e desconhecidos, devem ter proporcionado experiências gastronômicas curiosas até que os europeus aprendessem a usá-las nas proporções corretas. Na época, se tornaram mesmo símbolo de status, e o uso exagerado de especiarias em um banquete servia como forma de demonstrar o poderio econômico dos anfitriões, muitas vezes comprometendo o paladar dos pratos, mas, neste caso, a demonstração de riqueza era mais importante do que as qualidades gustativas das iguarias servidas.

Apesar de não haver uma regra geral que possa estabelecer bem as diferenças entre as ervas e as especiarias, pois, às vezes, elas se confundem, tornou-se corrente a definição de que as ervas são em sua maioria oriundas das folhas frescas ou secas, enquanto as especiarias são compostas por flores, frutos, sementes, caules, raízes ou, ainda, seivas desidratadas.

O coentro, o aipo e a erva-doce, entre outras plantas, podem ser classificadas tanto como ervas – quando delas se utilizam as folhas frescas –, ou como especiarias – no caso de uso de suas sementes secas. Vale lembrar que as folhas de louro ou da árvore do limão kaffir, por exemplo, são usadas frescas ou secas, mas são muitas vezes classificadas como especiarias.

As ervas e especiarias podem ser agrupadas, de maneira simplificadora, de acordo com sua principal característica organoléptica, ou seja, a que podemos perceber pelos sentidos, como por exemplo: cor, aroma, textura e sabor:

> o **paladar herbáceo** é mais encontrado nas ervas, principalmente as frescas, que transmitem aos alimentos aromas e sabores refrescantes, como hortelã, manjericão, alecrim, tomilho, coentro, poejo etc.;
> o **paladar picante** é mais presente nas pimentas da família Piper, como no caso da pimenta-do-reino, da pimenta-longa, entre outras. As espécies da família Capsicum são mais numerosas e podem ser extremamente picantes. A fagara tem sabor picante e por isso é conhecida também pelo nome de pimenta-szechuan, mesmo sem pertencer a nenhuma das duas famílias aqui citadas;
> o **paladar pungente** é facilmente identificado no gengibre, galanga, cúrcuma, raiz-forte, mostarda, cominho, assa-fétida etc.;
> o **paladar adocicado** está associado à canela, cravo-da-índia, pimenta-da-jamaica, macis, noz-moscada, anis-estrelado etc.;
> o **paladar cítrico** é encontrado no cardamomo, na semente de coentro, no tomilho, nas cascas de laranja, lima ou limão etc.;
> o **paladar terroso** é mais comum na cúrcuma, cominho, nigela etc.

O conhecimento básico dessas características serve como poderosa ferramenta para qualquer cozinheiro, pois, além do uso individual, as ervas e especiarias servem para fazer misturas capazes de transformar totalmente os paladares dos pratos com elas preparados.

Existem, no mercado, diversos tipos de misturas prontas, mas incontáveis variações podem ser feitas de acordo com o gosto e o paladar de cada cozinheiro, visto que as diferenças dos aromas e sabores entre as misturas podem ser consequência dos tipos de produtos usados, ou da proporção de cada um deles na mescla. Misturas feitas à base de tentativas e erros podem ser experimentadas, mas o conhecimento das já consagradas deve sempre servir de guia para que cada pessoa crie sua composição ideal. Uma boa maneira de testar o paladar de uma mistura é aquecê-la e misturá-la com um produto de sabor neutro, consistência cremosa e untuosa, por exemplo, manteiga, queijos cremosos, purês de tubérculos, entre outros.

Apesar de muitas especiarias serem encontradas já moídas, o ideal é obtê-las inteiras. Quando trituradas, perdem com facilidade seus princípios ativos, compostos por substâncias muito voláteis, o que reduz drasticamente sua vida útil. As sementes, cascas, raízes e folhas, se bem armazenadas, podem durar cerca de três ou mais anos, mas o pó dura cerca de um quarto desse tempo.

Outro importante fator para preservar as qualidades das especiarias é a forma de armazenamento. Para evitar que haja uma aceleração no processo de envelhecimento, é importante mantê-las em temperaturas constantes, em torno de 20°C, protegidas da luz e da umidade.

Vale aqui observar que muitas especiarias e ervas têm seus paladares modificados pelo cozimento. Em alguns casos, esses efeitos podem ser desejados, como no caso da assa-fétida, canela, cravo; ou, indesejados, como no caso das ervas frescas que na maioria das vezes perdem o frescor pela cocção prolongada.

O uso correto das especiarias abre para os cozinheiros e seus comensais um mundo novo e infinito de prazeres à mesa. Para que o chef, seja ele profissional ou amador, crie o sabor e a textura de seus pratos é imprescindível conhecer bem os ingredientes e tê-los à mão.

Pensando nisso, apresentamos ao leitor os temperos básicos, presentes em quase todas as receitas do mundo. Em seguida, escolhemos destacar as ervas e especiarias mais conhecidas e que podem ser encontradas no mercado brasileiro. As misturas – algumas tradicionais, outras ainda pouco divulgadas – foram escolhidas para ilustrar algumas das inúmeras possibilidades já criadas em várias partes do mundo. Informações básicas sobre a origem, os usos mais comuns e os inusitados, as sugestões de quantidades e as dicas destacadas devem servir como guia e fonte de inspiração para a criação culinária.

As receitas foram escolhidas com a intenção de realçar o paladar de cada especiaria individualmente e, nesse enfoque, incluímos aquelas que privilegiam apenas uma especiaria por vez, exceção feita ao uso de pimenta-do--reino. Desta forma, ao preparar uma receita, o leitor poderá sentir as características específicas da especiaria escolhida e assim montar uma memória gustativa que vai lhe servir de ferramenta para criação de novas receitas, novos usos e novas misturas.

TEMPEROS BÁSICOS

ALHO
(ALLIUM SATIVUM)

Não se sabe ao certo, mas é provável que o alho seja nativo da Ásia, e tenha se adaptado muito bem à região mediterrânea, onde é cultivado desde a Antiguidade. Hoje, cresce em qualquer região de clima quente do mundo.

Rico em antioxidantes, os benefícios à saúde são notáveis, pois reduz a pressão sanguínea e é um importante antisséptico. Seu chá é um remédio popular muito usado contra a febre e a bronquite. Além do uso medicinal, no passado o alho era também usado em rituais religiosos, e até hoje há quem acredite que serve como proteção contra os maus espíritos.

Existem muitos tipos, alguns mais brancos, outros com a pele mais rosada, dentes maiores ou menores, e o sabor varia de intensidade, mas é sempre picante e exala um aroma forte característico que, muitas vezes, pode ser desagradável, principalmente se estiver cru. Quando cozido, porém, o alho se torna bem mais suave ao paladar e ao olfato. O forte e acre odor se deve à presença da alicina (óleo volátil sulfuroso).

A espécie *Allium sativum* se divide em dois tipos, os *ophioscorodon*: asiático, criolo, listra roxa, listra roxa marmorizada, porcelana e o rocambole; e os do tipo *sativum*: o alcachofra e o prata. Mas como as características dos bulbos se modificam em função do clima e do solo onde são cultivados, essas variedades podem ainda se subdividir, gerando centenas de outras subvariedades espalhadas pelo mundo.

Além de ser encontrado *in natura*, o alho é vendido em forma de pó, laminado e seco, torrado e em conserva.

Atualmente, dois tipos de conservas de alho têm chamado a atenção no mundo da gastronomia. O primeiro deles é o alho negro, que nada mais é do que a cabeça de alho inteira fermentada, por cerca de um mês, em condições de temperatura e umidade controladas. Durante esse processo, ocorrem reações químicas que escurecem o alho até uma cor negra, e transformam a alicina em açúcares, deixando o alho negro com um agradável sabor agridoce com notas gustativas de uma mistura de vinagre balsâmico com melaço ou rapadura, ou ainda, sabores que lembram uma mistura de xarope de romã ou concentrado de tamarindo. Ele fica lindo na decoração de pratos e dá um sabor especial a risotos, peixes, massas etc. O alho negro é ainda muito saudável, pois oferece mais do que o dobro de antioxidantes do que o alho comum, ajudando assim a proteger as células de doenças e, ainda, retardando seu envelhecimento. O segundo tipo de conserva, a de alho branco, é feita em líquido, em geral, uma solução de vinagre branco, vinho branco, açúcar, azeite, ervas e especiarias. Os dentes do alho são separados e descascados, depois cozidos na solução fervente por cerca de dois minutos apenas. Depois de resfriados, são colocados em potes esterilizados na mesma solução do cozimento. O alho branco tem textura crocante e sabor acre suavizado pela curta cocção e pela doçura do açúcar. É usado como aperitivo, ou para dar uma textura crocante a saladas.

{DICAS DE COZINHA}

Use cabeças de alho inteiras em pratos de longo cozimento, os dentes ficam macios e adoçicados. Podem também ser assados no forno comum, desde que sejam tampados para não ressecar, ou até mesmo cozidos em micro-ondas. Depois de cozidos, as cascas se soltam facilmente e a polpa pode ser amassada como uma pasta que serve para temperar purês e pastas de outros legumes, assim como para enriquecer o molho do prato em que foi cozido.

AZEITE DE OLIVA

O azeite é um dos principais óleos utilizados na culinária. Na Atenas Antiga, a azeitona era um símbolo de prosperidade e seu óleo era usado tanto na cozinha quanto como combustível. Mas foram os romanos que levaram o cultivo das oliveiras para todo seu império, da África à Península Ibérica, em todas as regiões em torno do Mediterrâneo, onde o cultivo se adaptou muito bem.

A qualidade de um azeite está sempre relacionada à qualidade das azeitonas e às boas condições de preparo. Fatores como clima, localização geográfica, grau de insolação e idade das oliveiras são importantes para determinar a qualidade e a personalidade das azeitonas produzidas. São tantas as variáveis envolvidas que fica praticamente impossível fazer um azeite igual ao outro. Os melhores são feitos de azeitonas de qualidade, selecionadas, colhidas no grau certo de maturação e logo prensadas.

Assim como bons vinhos dependem de boas uvas, bons azeites dependem de boas azeitonas, e, cada um tem textura, aroma, sabor e corpo diferentes. Mas as afinidades entre um e outro não param por aí, afinal, ambos são produtos ancestrais e carregados de simbolismos em todas as religiões. Mas em uma coisa eles são diferentes: enquanto a maioria dos vinhos precisa ser envelhecida, o bom azeite é o azeite novo, com jovialidade e frescor, para ele o envelhecimento é nefasto e só o torna rançoso.

Eles são classificados por categorias determinadas pelos níveis de acidez; vão do puro ao extravirgem. Depois da primeira prensagem, o azeite obtido é testado e analisado, se for bem nos testes sensoriais e organolépticos e se sua acidez for menor do que 0,8%, ele poderá ser chamado de azeite extravirgem. Este é o mais fino dos azeites e não deve ser usado para cocção, mas à mesa para saborizar pratos, molhos e até mesmo sobremesas. Quando o azeite tiver acidez maior do que a do extravirgem, mas menor do que 2%, deve ser chamado de azeite de oliva virgem. Já o azeite com acidez acima de 2%, que não tenha obtido êxito nos testes sensoriais, deve ser submetido a outras refinações para corrigir imperfeições. Este é chamado de azeite refinado, mais usado na indústria e misturado aos extravirgem ou virgem dando origem ao que conhecemos simplesmente como azeite de oliva.

É importante destacar que, ao contrário do que é propagado, o fato de um azeite ter baixa percentagem de acidez, não faz dele um produto de qualidade superior, pois mais importantes são os testes sensoriais. E a refinação que melhora a acidez dos azeites, piora muito suas qualidades gustativas.

Quanto mais alto é o nível de acidez, menos aromático e mais grosseiro* será o azeite:
> o **extravirgem** tem apenas 0,8% de acidez, sendo o mais fino;
> o **fino virgem** tem no máximo 2% de acidez;
> o **virgem** pode ter até 3% de acidez e é feito da mistura de azeites de diferentes graus.

*A refinação serve entre outras coisas para diminuir a acidez dos azeites.

Alguns dos produtores mais importantes e as características de seus azeites:
> **Itália:** com destaque para os produzidos na Toscana e na Umbria.
> **Espanha:** maior produtora depois da Itália, tem em Borjas Blancas, na região de Lérida, a produtora de seus mais finos azeites.
> **Grécia:** é o maior consumidor *per capita* de azeite de oliva, mas em função dos menores mecanismos de controle, a qualidade do azeite grego é bastante irregular.
> **Portugal:** grande produtor, com adequadas condições climáticas, produz azeite de excelente qualidade e é o principal exportador de azeite para o Brasil.
> **França:** a produção é relativamente pequena, mas a qualidade do azeite francês é altíssima, sobretudo os das regiões de Nyons e do Vallée des Baux, no sul do país.

{DICAS DE COZINHA}

Para melhor aproveitar o azeite, procure consumi-lo em breve período de tempo e, sempre que possível, mantenha-o em local fresco e escuro, pois a luz atua como um poderoso catalisador de reações rancificadoras. Os rótulos de azeite devem indicar a percentagem de acidez, grau de óleo, volume e país de origem. Se o rótulo indicar o nome do produtor, isto é um sinal de que foi produzido com cuidado e que sua qualidade deve ser elevada.

CEBOLA
(ALLIUM CEPA)

Originária da Ásia, é um dos ingredientes mais antigos utilizados pela culinária e, desde a Idade Média, é um tempero básico na cozinha europeia. Há muitas variedades de cebolas que variam em cor, tamanho e sabor — este depende do clima em que é cultivada: quanto mais ameno, mais suave será o sabor da cebola.

Cruas, têm o sabor ácido, mas, quando cozidas, chegam a ser adocicadas. Hoje, é também comum encontrarmos a cebola desidratada, ou em pó; essas formas mantêm o sabor, mas atenção na quantidade usada, pois cada grama de pó desidratado equivale a dez gramas da cebola ao natural.

Alguns dos tipos mais comuns são:
> **Cebola amarela:** a mais comum, tem o sabor forte e é perfeita para cozimentos mais demorados, sopas e molhos.
> **Cebola doce:** incluem-se nessa categoria a espanhola, a bermuda, a *maui*, a vidália e a *walla-walla*. Ótimo acompanhamento para carnes grelhadas, vão bem recheadas ao forno.

> **Cebola vermelha:** pode ser arredondada ou oval. Em geral, utilizada crua para aproveitar melhor sua cor e por seu sabor mais suave do que o da amarela. Marinada ou no sanduíche, é deliciosa.
> **Cebola para conserva:** são colhidas ainda pequenas, a casca é difícil de ser retirada e é ideal para conservas, servidas como verdura ou cozidas inteiras na sopa.
> **Chipolina ou chalota:** tem o sabor mais sutil, a chipolina é mais refinada e usada em molhos como o *bearnaise*.

A cebola tem infinitas utilizações na culinária, pode ser usada como tempero básico ou como ingrediente principal, por exemplo em uma sopa de cebola, ou uma cebola recheada. Anéis de cebola cobertos com massa e fritos é um aperitivo delicioso. Passada na farinha de trigo e frita até dourar, ela se transforma em guarnição deliciosa para o arroz cozido com lentilhas. Quando refogada, tornar-se-á negra e servirá como um importante corante natural para arroz, caldos e molhos.

Assim como no caso do alho, existem atualmente processos fermentativos similares e as cebolas negras são verdadeiras novidades no mercado. Seu tempo de preparo é bem maior que o do alho, pois é proporcional ao tamanho delas – quanto maiores, mais tempo de fermentação será necessário.

{DICAS DE COZINHA}
Para facilitar o preparo da cebola, fazendo com que perca seu sabor acre e aroma sulfuroso com maior rapidez, deve-se cozinhá-la tampada no forno de micro-ondas e só depois de macia e transparente deve ser agregada na panela com azeite ou outro tipo de gordura. Há um grande ganho de tempo de preparo e evita que a cebola passe do ponto.

LIMÃO
(CITRUS LIMON)

Originário do sudeste da Ásia, o limoeiro foi levado pelos árabes da Pérsia para a Europa por volta do ano 1000, e a origem do nome vem do persa. Considerado um produto de luxo, além de ornamental nos famosos jardins islâmicos, o fruto era inicialmente utilizado como medicamento, tendo se popularizado à época das grandes navegações, quando os médicos descobriram que a ingestão diária do suco desse amargo fruto evitava surtos de escorbuto, doença muito comum nos navios que faziam longas viagens marítimas.

Importado para as Américas na época dos descobrimentos, só se tornou popular muito mais tarde, ganhando especial importância quando da epidemia de gripe espanhola, já que o fruto também se destaca por ser eficaz no combate às gripes e resfriados.

Hoje, o extrato de limão é usado em bebidas, doces, sorvetes; e da casca se extrai a essência presente em vários remédios, produtos de limpeza, sabões e cosméticos.

Também para o limão existe um processo de secagem e de fermentação similar ao citado anteriormente para o alho e a cebola. Neste processo, é feito o limão negro também chamado de *Black Lime* ou de *Loomi*, como é conhecido no Extremo Oriente. Apesar de pouco conhecido entre nós, este é um processo antigo que, às vezes, tira partido da própria natureza, pois aquele limão que não é apanhado e seca no pé, em vez de ir para o lixo como normalmente acontece, torna-se uma verdadeira iguaria, pois seu sabor azedo ganha notas adocicadas e um aroma cítrico pungente e agradável. Este processo pode ser feito de modo artesanal: primeiro, os limões devem ser branqueados em água salgada, escorridos e colocados ao sol para secar. Isto leva alguns dias, mas o resultado é muito compensador, pois além de aumentar a vida útil do produto, dá a ele sabores e aromas deliciosos. Quando picados, eles dão sabores especiais a pratos de peixe e frango. Inteiro e com algumas perfurações na casca, transmite delicados aromas a caldos e sopas. E, se bem secos, podem ser transformados em pó e ser empregados para dar gosto cítrico nas mais diversas preparações.

Existem muitas espécies no mundo, porém os tipos mais populares no Brasil, o galego e o tahiti, são, na verdade limas ácidas. A diferença está no tamanho e no gosto, pois os limões têm o sabor um pouco mais suave. Apesar disso, as duas frutas têm origem parecida e todas as variedades possuem muita vitamina C.

> **limão-siciliano ou limão-verdadeiro:** também conhecido como eureka ou lisboa, é o limão propriamente dito, a variedade mais consumida na Europa e nos Estados Unidos. Grande, de casca amarela, enrugada e grossa, é menos suculento e tem menor acidez que o limão tahiti. Seu aroma é suave, sendo o mais utilizado para extração de essências usadas na perfumaria e cosmética. É pouco consumido no Brasil, pois a planta não se adapta bem em regiões tropicais. Os melhores são os proporcionalmente mais pesados.

limão tahiti: como já mencionamos, é, na verdade, a lima ácida mais popular no Brasil, seu segundo maior produtor. Mais suculento que o siciliano, é largamente utilizado na culinária em receitas de sorvetes, doces e tortas. A casca verde, lisa ou ligeiramente rugosa, é maior e mais resistente que o limão galego. Quando maduro, deve ceder à pressão dos dedos.

> **limão galego:** outra lima ácida popular no Brasil, é um pouco menor que o tahiti e de casca amarelada quando madura. Pequeno, saboroso e igualmente suculento, o galego não é fácil de ser encontrado nas prateleiras dos supermercados. É considerado o melhor para fazer caipirinha, deve ter a casca fina e lisa.
> **limão-cravo:** se parece com uma mexerica, pois tem a casca e o suco avermelhados. Seu sabor mais forte, que combina perfeitamente a acidez e o açúcar, faz dele o preferido para o tempero de saladas.

{Dicas de cozinha}
Para extrair maior quantidade de suco, rolar o limão sobre a mesa pressionando-o firmemente com a palma da mão; ele ficará mais macio e mais suculento.

SAL

O sal é o ingrediente básico de qualquer cozinha. Presente desde a mais simples à mais sofisticada receita, tem três papéis fundamentais: temperar, preservar e fornecer cloreto de sódio, elementos necessários ao equilíbrio hídrico do corpo, à atividade de músculos e nervos, além de responsável pela salinidade do sangue. Realça o sabor dos ingredientes e, sem ele, a comida fica sem sabor, ou, como dizemos: insossa – que quer dizer, literalmente, sem sal.

Raramente as receitas culinárias determinam a quantidade exata de sal que deve ser utilizada, em geral mencionam "uma pitada de sal" ou "sal a gosto". Isto se deve ao fato de que a sensação de sal que percebemos na boca não tem relação direta com a quantidade de sal utilizada na receita, mas sim com uma função logarítmica da quantidade utilizada, o que equivale a dizer que a sensação salgada que sentimos está em uma faixa em que, mesmo em diferentes quantidades, a sensação permanece a mesma. Por isso, mesmo sem uma quantidade exata, o sal é percebido da mesma maneira. Abaixo do ponto da curva, vamos sentir que a comida tem pouco sal e acima do ponto da curva ela estará salgada, independentemente se foi usado um grama ou dez gramas a mais. Seria muito mais difícil acertar a dosagem se fosse uma relação direta, pois o sabor só seria ótimo em um único ponto da reta.

O sabor e a salinidade do sal variam de acordo com a procedência dele. Mas todos os depósitos de sal do mundo são de origem marítima; as minas simplesmente indicam áreas onde a água salgada fluiu algum dia. São muitos os tipos que encontramos hoje à venda:

> **Sal-gema:** este é o nome que se dá ao cloreto de sódio (NaCl), acompanhado de cloreto de potássio e do cloreto de magnésio, que ocorre em jazidas da superfície terrestre. O termo é aplicado para o sal derivado da precipitação química, pela evaporação da água de antigas bacias marinhas. Usando-se a eletrólise, obtém-se do sal-gema o cloro e o sódio que são usados na fabricação da soda cáustica, no tratamento de óleos vegetais, como germicida, na fabricação de plásticos e na polpa da madeira (para a obtenção da celulose).
> **Sal marinho:** o sal marinho é obtido naturalmente, pela evaporação provocada pelo sol e pelo vento, ou artificialmente em tinas de evaporação. Ao contrário do sal-gema, contém apenas 34% de cloreto de sódio e é rico em vestígios de outros elementos químicos. Alguns sais marinhos merecem destaque:
> - o *sal marinho fino* dissolve-se rapidamente e é apropriado para ser usado à mesa;
> - o *sal marinho inglês* vem do Essex em flocos, tem o sabor acentuado e deve ser usado com parcimônia;
> - o *sal marinho francês*, da Bretanha, é mais escuro, tem o sabor mais delicado.
> **Flor de sal:** é a primeira camada a ser retirada dos tanques de evaporação das salinas, garantindo assim um produto mais puro e saboroso. O sabor varia de acordo com a composição de minerais do mar de cada região. A flor de sal produzida em Guérande, na Bretanha, é a mais valorizada internacionalmente, e foram os franceses os responsáveis por sua disseminação na alta gastronomia. Também no Algarve, região sul de Portugal, produz-se um produto bastante apreciado.
> **Sal rosa do Himalaia:** como o nome sugere, este sal só é encontrado no Himalaia, região banhada por mar há milhares de anos. A presença de minerais como o ferro e o manganês o tornam rosado e tem o sabor muito suave.
> **Sal defumado:** acinzentado, tem um gosto levemente adocicado. É defumado pela fumaça fria da queima de barris de alguma madeira aromática, como carvalho ou cerejeira. É bastante versátil e mais comum na França.
> **Sal negro:** também conhecido como *Kala Namak* é de origem indiana. Além da cor inusitada, diz-se que o sabor lembra o de gema de ovo. Por ser muito solúvel é ótimo em molhos, saladas e massas.
> **Sais temperados:** existem inúmeras receitas. O sal com ervas e o sal de aipo (moído com as sementes da planta) são exemplos de sais aromatizados.

{dicas de cozinha}

Para pratos com alto conteúdo de líquidos, tais como sopas, molhos e ensopados, o sal deve ser adicionado no fim da preparação, quando o alimento estiver cozido e o caldo reduzido o suficiente. Temperar uma sopa ou molho no início da cocção pode deixar o resultado final muito salgado, pois a evaporação da água aumenta a concentração do sal na solução. Também evite temperar com sal peças finas de carnes, pois por ser higroscópico o sal faz com que percam umidade e se tornem secas e duras.

VINAGRE

A palavra vinagre vem de *vin aigre*, que em francês quer dizer vinho ácido. A acidificação ou azedamento é um processo natural que ocorre quando um líquido, contendo menos de 18% de álcool, é exposto ao ar. As bactérias presentes no ar reagem com o álcool, dando início ao processo de fermentação que converte o álcool em um ácido natural e dá ao vinagre sua acidez característica. Embora essa reação ocorra naturalmente, a qualidade nem sempre é consistente e o grau de ácido varia consideravelmente.

Em geral, para os vinagres de vinho, exige-se que tenham pelo menos 6% de ácido acético. Outros tipos devem apresentar um teor entre 4% e 6%:

> **Vinagre de vinho** pode ser produzido a partir do vinho branco ou tinto e a qualidade e a cor do produto final vai depender da qualidade e da cor do vinho utilizado. Quanto mais lento e natural é o processo de fermentação, mais fino é o vinagre produzido. Para acelerar e, portanto, baratear o produto, muitos fabricantes aumentam a temperatura do líquido, resultando em um vinagre de qualidade inferior. O vinagre de champanhe tem uma cor pálida e sabor delicado, o de rioja, a cor vermelha carregada e sabor rico e pleno. O vinagre feito a partir do xerez é caramelo e mais caro.

> **Aceto balsâmico ou vinagre balsâmico** é feito a partir da redução de suco das uvas Trebbiano e pode ser considerado um vinagre altamente sofisticado, pois é produzido nas regiões de Módena e Reggio Emilia, na Itália, desde a época medieval. As uvas passam primeiro por um cozimento a fim de criar um tipo de mosto concentrado ou reduzido que depois é fermentado em barris de madeira por meio de um lento processo de envelhecimento que vai concentrar os sabores. Trata-se de um produto protegido por denominação de origem controlada (DOC) e pela denominação de origem da União Europeia. É importante destacar que o aceto balsâmico produzido pelo método tradicional é um produto muito raro e caro, pois leva algumas décadas para ser produzido, e em uma escala tão reduzida que não daria para suprir nem uma ínfima parcela da necessidade de consumo deste tipo de vinagre. Como o consumo é muito grande hoje, o aceto balsâmico passou a ser um dos produtos mais falsificados e adulterados no mercado gastronômico. Existem diversos tipos de falsificações, desde misturas de acetos balsâmicos tradicionalmente envelhecidos com vinagres mais jovens, até os totalmente artificiais, preparados com uma mistura de vinagres de baixa qualidade, caramelos, e aromatizados com feno-grego; ou ainda pior, com aromatizantes artificiais. É importante ficar atento, pois a maioria dos balsâmicos que encontramos no mercado faz parte desta última opção, de baixíssima qualidade.

> **Vinagre de sidra** é feito a partir da polpa da maçã, seguindo o mesmo processo de fermentação usado no vinagre de vinho. Tem sabor forte e ácido, é ideal para conservas, sobretudo as de frutas.

> **Vinagre feito de cevada maltada**, ou simplesmente vinagre de malte, é frequentemente usado para conservas de cebolas e outros vegetais. Assim como o de sidra, seu sabor é muito forte para ser usado como tempero de saladas, mas o de malte vai bem com peixes. E são também indicados para conservas de vegetais.

> **Vinagre de arroz** é o mais comum nas culinárias asiáticas, feitos a partir dos vinhos de arroz daquelas regiões. Os japoneses são suaves e delicados, os chineses ligeiramente ácidos e mais fortes. Assim como os vinagres do Ocidente, podem ser aromatizados com

gengibre, shoyu, malaguetas, entre outros condimentos.

> **Vinagres aromatizados** são comuns e devemos sempre escolher os produzidos a partir de bons vinhos. Alguns dos mais populares são os de alho, pimento, funcho, gengibre, e são fáceis de fazer. Assim como os vinagres de frutas com pau de canela e/ou folha de louro, ou qualquer vinagre aromatizado com folhas de erva fresca, o processo deve sempre iniciar com a fervura do líquido para o preparo da infusão dos outros ingredientes.

{Dicas de cozinha}

Variações ligeiras nos níveis de acidez são pouco perceptíveis ao paladar. Mas devem ser consideradas na preparação de picles ou outras conservas. Um pouco de açúcar ajuda a diminuir o excesso de acidez.

PROCESSOS

CONSERVAS

Aconselha-se fazer uma conserva quando a intenção é guardar um alimento por um período prolongado, mantendo intactas suas características originais. O ideal é que os componentes agregados ao principal sejam neutros. No caso de uma conserva de pimentas, por exemplo, utiliza-se vinagre de álcool e sal. A embalagem não necessita ser pasteurizada, mas uma vez aberta, é preciso garantir que o produto esteja todo submerso em líquido, caso contrário, apodrecerá.

MOLHO

Ao fazer um molho, a intenção é criar um novo sabor resultante da mistura de diversos ingredientes. No caso de um molho de pimenta, poderemos acrescentar vários sabores tradicionais como alho, cebola, azeite, vinagre e outros mais inusitados como licor de cereja, mel, cachaça etc. Aqui, quando adicionamos azeite, é necessário pasteurizar a embalagem utilizada que, depois de aberta, deverá ser levada a geladeira.

DESIDRATAÇÃO

É o processo de secagem parcial dos alimentos, feito em ambiente aberto ou em máquinas com aquecimento e ventilação forte. É barato, mas pode resultar em produtos escuros e enrugados. Para produtos como alho, cebola, cenoura, pimentão, salsa, espinafre, entre outros, tem excelente resultado. Mas, em geral, não preserva a aparência original do produto.

LIOFILIZAÇÃO

Trata-se de um processo bem mais custoso e utilizado quando se deseja resultados de altíssima qualidade, sobretudo com alimentos de difícil secagem, por exemplo o ovo. Primeiro, o alimento é congelado, e depois é colocado em uma câmara a vácuo com variações de temperatura, que, por sublimação, retira toda a água do produto. Assim, mantêm-se a cor, o sabor e as dimensões originais dos alimentos. Desta forma, os produtos são utilizados como se fossem frescos.

INFUSÃO

É o processo no qual se obtém os sabores de ervas ou outros alimentos por meio do cozimento dos mesmos, normalmente em água. Como se usa o *bouquet garni* ou como fazemos os chás de ervas.

REDUÇÃO

Por meio deste processo, obtém-se a concentração de sabores em volumes de líquidos muito inferiores ao produto original. Além de concentrar, também altera o sabor original, pois é obtido com o cozimento de alimentos em fogo baixo por um longo período.

ERVAS E ESPECIARIAS

Existem muitas ervas e especiarias já utilizadas na culinária e possivelmente muitas outras ainda não descobertas por nosso paladar. Não é fácil privilegiar uma em detrimento de outra. As 59 aqui presentes foram escolhidas por terem sido consideradas básicas e apresentarem um leque variado de aromas, sabores e texturas. As receitas que as acompanham procuram realçar o sabor de cada especiaria, para que o leitor se familiarize com os aromas e sabores a fim de utilizar a memória como um banco de dados e servir como ponto de partida para novas experiências culinárias.

ERVAS, ESPECIARIAS E RECEITAS

AÇAFRÃO

(CROCUS SATIVUS) FRANCÊS E ALEMÃO: SAFRAN * ESPANHOL: AZAFRÁN * INGLÊS: SAFFRON * ITALIANO: ZAFFERANO

Nativo da Índia, Balcãs e Mediterrâneo Oriental, o açafrão foi inicialmente importado da Espanha e da Itália. Hoje já encontramos produções de boa qualidade em países como o Irã, Índia e Argentina. Seu nome vem do árabe *za'faran*, que significa amarelo, a sagrada cor que tinge as vestes dos monges budistas e que, no hinduísmo, é associada ao fogo, um elemento divino.

Por sua maravilhosa cor dourada, o magnífico aroma com perfume marinho e o delicioso sabor ligeiramente amargo, o açafrão é uma especiaria extremamente versátil, podendo ser usado em qualquer tipo de preparação culinária, doce e/ou salgada. No entanto, é tradicionalmente mais usado em pratos de peixes, frutos do mar e nos pratos à base de cereais, sendo um ingrediente essencial na *bouillabaisse*, na *paella* e no risoto. Mas seu uso no preparo de pães, biscoitos, bolos, doces e sobremesas vem crescendo ao longo dos últimos anos.

O açafrão é comercializado em pistilos ou em pó. O pistilo seco é a especiaria mais cara do mundo pois, como cada flor tem apenas três, são necessárias 200 mil flores, ou 600 mil pistilos, para se obter um quilo do produto final. Para melhor aproveitamento dos pistilos, prepara-se uma infusão utilizando água ou outros líquidos de acordo com a receita escolhida. Desta forma, a transferência de cor e de paladar ao prato é mais uniforme e mais eficiente do que seu uso a seco. Quando se usa o pó, este processo não se faz necessário.

Sua cor é mais bem aproveitada quando adicionado a ingredientes de cor clara ou brancos, tais como molho branco, creme de leite, polpa ou leite de coco etc. Da mesma forma, seu aroma e sabor ficam mais destacados quando misturado a ingredientes de aromas e sabores mais neutros, como o arroz.

Outras sugestões de uso:
O açafrão é capaz de transformar doces corriqueiros – tais como, o pudim de leite condensado e a cocada – em sobremesas sofisticadas.

{DICA DE COZINHA}
Não devemos confundi-lo com a cúrcuma, que, no Brasil, é chamada de açafrão-da-terra.

QUANTIDADE SUGERIDA DE USO

Em geral, você encontrará o açafrão sendo vendido em pistilos ou em pó, em embalagens de 0,3 g a 0,5 g.

Para melhores resultados, deve-se usar cerca de 0,1 g por porção, ou seja, um pacote de 0,4 g é suficiente para uma receita que atenda 4 pessoas.

Tartelettes de pera com açafrão
(4 porções)

Massa

1 ½ xícara de chá (180 g) de farinha de trigo
3 colheres de sopa (60 g) de manteiga gelada em cubinhos
2 colheres de sopa (30 g) de açúcar de confeiteiro
1 gema
2 colheres de sopa (30 ml) de água
1 pitada de sal

Peras

4 peras pequenas maduras
1 xícara de chá (250 ml) de água
3 colheres de sopa (45 g) de açúcar
2 colheres de sopa (30 ml) de vinagre de maçã ou suco de limão

Recheio

1 copo americano (200 ml) de creme de leite fresco
2 gemas
1 ovo inteiro
½ pacote de açafrão em pó (0,2 g)
2 colheres de sopa (30 g) de açúcar refinado

MODO DE PREPARO DA MASSA

Coloque a farinha, a manteiga e o açúcar no processador de alimentos (processar até formar uma farofa). Adicione a gema e a água e processe mais um pouco até formar uma bola de massa, se for necessário, junte um pouco mais de água. Enrole a massa em um filme plástico e leve à geladeira por cerca de 30 minutos.

MODO DE PREPARO DAS PERAS

Leve ao fogo uma panela com a água, o açúcar e o vinagre. Descasque as peras, parta-as ao meio no sentido do comprimento e retire os caroços. Ponha as peras na calda e cozinhe por uns 5 minutos. Escorra.

MODO DE PREPARO DO RECHEIO

Misture todos os ingredientes do recheio e passe pela peneira fina.

MONTAGEM

Abra a massa nas forminhas de tarteletes de 8 cm de diâmetro e 2 cm de altura. Corte cada pera em fatias no sentido da largura, ajeitando-as dentro da massa. Cubra com o creme de açafrão e leve ao forno a 180°C por cerca de 25 minutos ou até o creme ficar firme e dourado.
Sirva quente, com sorvete de baunilha e calda de chocolate amargo.

AIPO (SALSÃO)

(APIUM GRAVEOLENS L.) FRANCÊS: CÉLERI * ALEMÃO: STANGENSELLERIE * ESPANHOL: APIO * INGLÊS: CELERY * ITALIANO: SEDANO

A semente de aipo é um tempero ocidental descoberto relativamente tarde pela culinária. Cultivado na Itália desde o século 17, a partir de uma variedade chamada aipo-bravo, só no século 19 seu uso se tornou comum na Inglaterra e nas Américas.

Geralmente encontrado e consumido fresco, suas minúsculas sementes de cor castanho-esverdeada, com cinco estrias mais claras, têm o sabor forte da planta, amargo e um pouco pungente. Pouco utilizadas na culinária brasileira, o uso das sementes é bastante amplo e, por seu sabor levemente cítrico, serve para o preparo de caldos, sopas e molhos, e também para tempero de saladas, legumes, peixes, aves e carnes. Além disso, também dá gosto a pães, biscoitos e bolos. O sal de aipo é um pouco mais conhecido entre nós e, bastante usado no preparo de drinques.

Variação da tradicional Salada Waldorf, a receita a seguir favorece a percepção das diferentes intensidades dos sabores das sementes, dos talos e das folhas do aipo. O sabor penetrante das sementes é bem mais intenso do que o das folhas, que por sua vez é mais forte que o dos talos. O aipo se presta a este jogo de texturas e sabores: usando diferentes partes da mesma planta pode-se perceber o contraste das intensidades aromáticas e gustativas.

Outras sugestões de uso:
Utilizar para dar gosto e aroma às sopas, como, por exemplo, uma canja de galinha, ou em guisados e estufados, como, em uma carne de panela.

{DICA DE COZINHA}
Coloque sementes torradas de aipo no moinho de sal grosso: elas ajudam a manter o sal mais sequinho e muito mais saboroso.

QUANTIDADES SUGERIDAS DE USO

Para aromatizar o sal, usar sementes torradas e moídas na proporção de 1:6, ou seja, 1 parte de semente para 6 de sal.

Para temperar carnes, peixes e aves, usar 1 colher (chá) de sementes moídas por kg de produto.

Para aromatizar caldos e molhos, usar 1 colher (chá) de sementes torradas inteiras por cada litro de preparação, elas devem ser descartadas depois do cozimento, passando o caldo ou molho por uma peneira.

Salada de frango defumado, batata yacon e semente de aipo
(4 porções)

Ingredientes

2 xícaras de chá (300 g) de frango defumado em lascas pequenas
3 xícaras de chá (400 g) de batata *yacon* em cubinhos
4 colheres de sopa (40 g) de passas sem sementes
3 talos de aipo fresco
½ xícara de chá (50 g) de nozes
5 colheres de sopa (80 g) de maionese
2 colheres de sopa de creme de leite
1 colher de sopa de folhas de aipo picadinhas
1 colher de sopa rasa de semente de aipo
1 colher de sopa de limão
Sal a gosto

MODO DE PREPARO

Coloque as passas em uma vasilha e cubra com água quente. Deixe reidratar enquanto prepara a salada. Torre as nozes em uma frigideira ou no forno; deixe esfriar e pique grosseiramente. Torre as sementes de aipo na frigideira até elas começarem a exalar o aroma. Raspe os talos de aipo para a retirada das fibras grosseiras e pique-os em pedaços de 1 cm. Descasque as batatas e pique-as no mesmo tamanho dos pedaços de aipo; regue-as com o suco de limão. Misture em uma tigela o frango, as batatas, os talos de aipo, as passas escorridas, ¾ das nozes picadas, ¾ das sementes de aipo, a maionese, o creme de leite e as folhas de aipo picadinhas. Depois, passe para uma tigela de vidro. Enfeite com folhas de aipo e salpique com o restante das nozes e das sementes de aipo.

AJOWAN

(CARUM AJOWAN) FRANCÊS: AJOVAN * ALEMÃO, ESPANHOL, INGLÊS E ITALIANO: AJOWAN

Pouco conhecido no Brasil, o *ajowan* é nativo do sul da Índia e seu sabor picante e amargo lembra uma mistura de tomilho e cominho, com leves toques de anis e pimenta-do-reino. Rico em fibras, minerais, vitaminas e antioxidantes, é também cultivado para a extração de seu óleo, o timol, que é muito utilizado como analgésico, germicida e antisséptico, presente por exemplo na composição de cremes dentais. E, como outras especiarias muito comuns na culinária indiana, serve para temperar e ao mesmo tempo ajudar a controlar a digestão e eliminar gases.

Ingrediente comum no preparo dos *curries* e *masalas* indianos. Na Etiópia, é usado no preparo de uma tradicional mistura picante de cerca de uma dezena de especiarias chamada de *berbere*, que pode ser encontrada na forma de um pó grosseiro ou de uma pasta. Esta é muito usada para besuntar carnes diversas para serem grelhadas, assadas ou salteadas.

Utilizamos apenas as sementes, que parecem com as de aipo, só que maiores. Sua afinidade natural é com alimentos farinhosos e legumes amiláceos. Por isso, são populares em receitas com feijões e lentilhas e ótimas para acrescentar sabor a pães, bolos, tortas e tubérculos.

Sugestões de uso:
Para dar um toque a mais no feijão do dia a dia, em um tutu ou mesmo em um prosaico purê de batatas.

{DICA DE COZINHA}
O *ajowan* é ótimo para aqueles que sofrem de problemas intestinais quando consomem leguminosas e tubérculos, por exemplo, a batata-doce.

QUANTIDADES SUGERIDAS DE USO

1 colher de chá por kg de massa do pão

1 colher de chá por cada ½ kg de feijões, lentilhas ou tubérculos

Obs.: Por ter uma fragrância pungente aliada a um sabor picante, recomenda-se seu uso com moderação.

Canelone de baroa com molho de lentilhas e ajowan
(4 porções)

Ingredientes
Canelone
12 tiras de massa fresca de 12 cm x 10 cm
800 g de batata-baroa (mandioquinha)
3 colheres de sopa (60 g) de manteiga
½ copo (100 ml) de creme de leite
100 g de queijo gorgonzola ralado
2 colheres de sopa de queijo parmesão ralado (para finalizar)
1 pitada de sal

Molho
200 g de lentilhas cozidas *al dente*
½ copo (100 ml) de caldo do cozimento das lentilhas
2 tomates médios maduros sem pele ou sementes
1 cebola média em cubinhos
1 dente de alho picadinho
½ colher de chá de sementes de *ajowan*
2 colheres de sopa de cebolinha verde picadinha
3 colheres de sopa (45 ml) de azeite de oliva
Sal a gosto

MODO DE PREPARO DO CANELONE
Lave as batatas e cozinhe com casca até ficarem macias. Escorra, deixe esfriar um pouco, descasque e passe pelo espremedor. Aqueça em uma panela a manteiga, o creme de leite e o queijo gorgonzola. Junte a batata amassada e misture bem com uma colher de pau. Quanto mais batido, mais aerado e gostoso fica o recheio. Prove o tempero e adicione sal caso seja necessário. Cozinhe as tiras de massa por 2 minutos e escorra. Coloque o purê em um saco de confeitar e espalhe na tira no sentido da largura, enrolando no sentido do comprimento e cuidando para deixar a emenda virada para baixo. Reserve. Momentos antes de servir, aqueça os canelones no forno comum com um pouco de água na travessa tampada para não deixar ressecar.

MODO DE PREPARO DO MOLHO
Em uma frigideira, aqueça o azeite juntamente com as sementes de *ajowan*, junte o alho, a cebola e refogue até que a cebola comece a dourar. Junte os tomates e refogue por mais 2 minutos. Acrescente as lentilhas cozidas e o caldo. Cozinhe por mais três minutos, tempere com o sal e junte a cebolinha picadinha.

MONTAGEM
Coloque no fundo dos pratos um pouquinho do molho e por cima ajeite três canelones, junte mais molho por cima, salpique com o parmesão ralado e enfeite com dois ou três raminhos de cebolinha do mesmo comprimento dos canelones.

ALCAÇUZ

(GLYCYRRHIZA GLABRA) **FRANCÊS: RÉGLISSE** * **ALEMÃO: LAKRITZE** * **ESPANHOL: REGALIZ** * **INGLÊS: LICORICE** * **ITALIANO: LIQUIRIZIA**

O alcaçuz é originário do sul da Europa e sul da Ásia, onde é famoso por ser uma raiz doce e agradável quando mastigada e também por seu efeito terapêutico poderoso de expectorante, qualidade que já é conhecida há milhares de anos, desde o tempo dos antigos egípcios.

Por sua composição química, é considerado 50 vezes mais doce que a cana-de-açúcar. Ainda hoje, o suco preto, extraído da raiz do alcaçuz, resulta em um refrescante aperitivo e seu sabor característico vem sendo adicionado a várias bebidas, algumas de marcas famosas, como a cerveja Guiness e a bebida italiana Sambuca.

O sabor de alcaçuz é tão peculiar que pesquisadores de neurofisiologia o estão descrevendo como se fosse um sexto tipo, diferente dos ácidos, doces, salgados e amargos aos quais estamos habituados e até mesmo do sabor *umami*, conhecido como o quinto sabor. Esta peculiaridade parece vir da mistura de aromas anisados com sabores amargos, doces e ligeiramente salgados. O sabor adocicado se intensifica à medida que aumenta o tempo de mastigação da raiz.

Além de bastante usado no preparo de produtos açucarados, como licores, balas e confeitos, o alcaçuz natural é um produto amplamente utilizado na indústria do tabaco.

Outras sugestões de uso:
No preparo de caldas, para regar tortas e dar sabor a recheios de bombons. Apesar de menos comum, uma calda com alcaçuz também pode regar pratos de carne, como pato ou porco. Pedaços da raiz podem ser moídas com anis-estrelado, canela e baunilha no cozimento de frutas.

{DICA DE COZINHA}
Assim como a fava de baunilha, os talos de alcaçuz podem ser reaproveitados mesmo depois de serem usados em uma receita. Basta lavá-los e secá-los novamente – mas repita o processo no máximo por duas vezes.

QUANTIDADES SUGERIDAS DE USO

1 colher de sopa do pó de alcaçuz para 500 g de carne vermelha

½ colher de sopa do pó de alcaçuz em vegetais

5 g da raiz para adoçar caldas

Obs.: Por ter sabor muito forte, aconselha-se ter cuidado em sua utilização.

Pudim de alcaçuz

Ingredientes

2 ½ xícaras de chá (300 g) de açúcar refinado
1 xícara de chá (250 ml) de água
1 colher de sopa de raspas de laranja
1 pau de raiz de alcaçuz (5 g)
50 g de toucinho fresco (só a parte da gordura)
14 gemas
4 colheres de sopa (60 ml) de vinho doce de qualidade (como o vinho do Porto)
½ xícara de chá de caramelo para untar a fôrma
1 colher de chá de manteiga para untar a fôrma

MODO DE PREPARO

Leve ao fogo uma panela com o açúcar, a água, as raspas de laranja, o alcaçuz e o toucinho fresco picadinho. Deixe abrir fervura, marque 3 minutos, apague o fogo e deixe a calda esfriar. Passe a calda por uma peneira fina e junte com as gemas e o vinho. Misture com cuidado para não fazer espuma e passe novamente pela peneira. Unte uma fôrma de pudim com a manteiga e depois com o caramelo, despeje o creme na fôrma e asse em banho-maria no forno a 150°C por cerca de 1 hora ou até um palito sair limpo depois de espetado no centro do pudim. Deixe esfriar antes de desenformar.

ALECRIM

(ROSMARINUS OFFICINALIS) **FRANCÊS:** ROMARIN * **ALEMÃO:** ROSMARIN * **ESPANHOL:** ROMERO * **INGLÊS:** ROSEMARY * **ITALIANO:** ROSMARINO

Originário do Mediterrâneo, atualmente os principais produtores de alecrim são países de clima úmido, como França, Espanha, Portugal e algumas regiões dos Estados Unidos. A utilização desta erva remonta ao ano 500 a.C. não só na culinária mas também como símbolo de poder e força, ou amor e amizade. Ainda hoje, na Inglaterra, o alecrim é colocado nos túmulos dos heróis ingleses, pois diz a lenda que o alecrim só cresce nos jardins dos bons.

O alecrim é uma erva aromática com folhas semelhantes a agulhas e delicadas flores azul-claras. Seu nome deriva do latim e significa "orvalho do mar", pois ela cresce em solos ricos em cálcio, geralmente próximos ao litoral.

É quase sempre empregado para temperar pratos salgados e pães, sendo excelente com carneiro, peixes, frutos do mar, e também em molho de tomate italiano. Por suas propriedades aromáticas, que parece ser uma mistura agradável de pinho e hortelã com toques de gengibre, pode ter muitas aplicações em preparações doces e é ótima opção no preparo de caldas para drinks, sobremesas e bolos.

Outras sugestões de uso:
Para realçar o paladar de cogumelos frescos assados ou salteados; para aromatizar lombinho de porco cozido no leite. ou até para dar um toque surpreendente a uma compota de frutas.

{DICA DE COZINHA}
Salpicar alecrim sobre o carvão quando estiver fazendo churrasco, e um raminho colocado em assados dá a carne um aroma incomparável.

QUANTIDADES
SUGERIDAS DE USO

¼ de colher de chá para 1 kg de galinha

½ colher de chá para duas xícaras de batatas

¼ de colher de chá em 6 xícaras de molho para churrasco

1 colher de chá para 1 kg de carré de cordeiro

Caipicrim
(4 porções)

Ingredientes

1 xícara de chá (120 g) de açúcar refinado
½ copo americano (100 ml) de água
1 colher de sopa de alecrim fresco
4 doses (200 ml) de cachaça branca de qualidade
4 limões (suco)
1 clara de ovo
12 pedras de gelo médias
4 fatias de limão (decoração)
4 galhinhos de alecrim fresco (decoração)

MODO DE PREPARO

Leve ao fogo a água, o açúcar e o alecrim.
Ferva por 3 minutos e desligue o fogo.
Deixe esfriar e coe. Coloque no liquidificador a cachaça,
o suco de limão, a clara de ovo, a calda de alecrim e
o gelo. Bata até ficar bem espumoso e
com o gelo todo triturado. Sirva em taças
enfeitadas com as rodelas de limão espetadas
com ramos de alecrim.

ANATO (URUCUM)

(BIXA ORELLANA) FRANCÊS: ROUCOU * ALEMÃO: ANNATTO * ESPANHOL: ACHIOTE * INGLÊS: ANNATO * ITALIANO: ANOTTO

O anato é uma pequena árvore de floração extremamente atraente, que cresce por toda parte do Caribe, México e nas Américas Central e do Sul. As grandes flores cor-de-rosa se assemelham a rosas-bravas, mas é a matéria corante da polpa que envolve as sementes no interior dos frutos escarlates, espinhosos e em forma de coração, que torna a árvore comercialmente importante. Os antigos Maias, na Guatemala, e os índios do Caribe e do Brasil usavam, e ainda usam, as sementes do anato para pintar os corpos, e também na culinária da América Latina seu uso principal é como corante.

No México, as sementes de anato são moídas com outras ervas e especiarias, entre elas o cominho e o orégano, para se obter uma mistura para tempero que tem um forte sabor de flores. No Brasil, é a matéria-prima fundamental para a famosa mistura "colorífico" (ou colorau), que nada mais é que a mistura de anato moído com fubá.

Ao contrário do açafrão, que tem um sabor forte com toques marinhos, o urucum tem sabor leve, ligeiramente picante e terroso, mais intenso quando moído do que o da tintura feita com as sementes cozidas em óleo ou água. Por isso, seu poder como corante é bem maior do que como tempero. É portanto largamente utilizado para colorir queijos e muitos outros produtos, nos quais o sabor do corante não deve aparecer. Desta forma, para o uso culinário como corante, basta usar algumas pitadas; já como tempero a dosagem deve ser bem maior.

Na forma de semente, vai bem com legumes, peixe, carne de porco e de vaca, sopas, mariscos, camarão, molhos picantes e pratos com ovos. Como colorífico, é muito empregado para colorir o arroz, no preparo da farofa, no frango e no picadinho de carne.

Outras sugestões de uso:
Usar como corante em um patê de queijo, purê de cará ou inhame.

{DICA DE COZINHA}
A tintura de urucum serve para que o cozinheiro possa brincar com o paladar das pessoas, dando aos pratos cores diferentes das habituais.

QUANTIDADES SUGERIDAS DE USO

2 colheres de sopa de sementes para ½ kg de carne moída

1 colher de chá de sementes para cada xícara de arroz

Arroz de polvo, paio e anato
(4 porções)

Ingredientes
Tintura de anato/urucum
1 copo americano (200 ml) de azeite de oliva
4 colheres de chá (50 g) de semente de anato/urucum

Arroz
1,5 kg de polvo congelado
200 g de paio
250 g de arroz parboilizado
4 colheres de sopa (45 ml) da tintura de anato/urucum
1 cebola picadinha
1 dente de alho picadinho
4 tomates sem pele e sementes
1 copo americano (200 ml) de vinho branco seco
1 colher de sopa de raiz de coentro picadinha
2 colheres de sopa de folhas de coentro picadinhas
2 colheres de sopa de salsinha picadinha
2 colheres de sopa de cebolinha verde picadinha
1 pimenta dedo-de-moça sem sementes picadinha
Sal a gosto

MODO DE PREPARO DE TINTURA DE ANATO/URUCM
Leve o óleo e as sementes de anato ao fogo bem baixo. Quando o óleo ficar bem avermelhado e as sementes ficarem escuras (cerca de 20 minutos), desligue o fogo e deixe esfriar. Coe e guarde a tintura em vidro escuro. Pode ser mantido por longos períodos.

MODO DE PREPARO DO ARROZ
Descongele o polvo e lave-o bem para retirar qualquer impureza. Leve ao fogo uma panela grande com água até ferver, coloque o polvo dentro da água fervente e deixe mergulhado por 30 segundos, retire-o e deixe-o 30 segundos fora da água. Repita este processo por mais duas vezes. Na quarta vez, coloque o polvo e o paio na água, abaixe o fogo e cozinhe por cerca de 40 minutos ou até ficarem macios. Escorra o polvo e o paio e reserve a água do cozimento. Retire a pele do paio, parta-o ao meio no sentido do comprimento, depois em meias-luas de ½ cm de espessura e reserve. Pique os tentáculos do polvo na diagonal também com ½ cm de espessura e reserve. Coloque a tintura na panela e aqueça.
Junte o alho e a cebola. Refogue em fogo baixo por uns 10 minutos até a cebola ficar transparente. Acrescente as raízes de coentro, a pimenta e os tomates. Refogue por mais 5 minutos. Junte o vinho e deixe ferver até que evapore por completo. Adicione o arroz, refogue por 2 minutos. E depois, adicione 3 xícaras de chá (500 ml) do caldo de cozimento, podendo ser completado com água, caso o caldo não seja suficiente. Cozinhe em panela tampada por uns 15 minutos, adicione o polvo e o paio picados e mexa bem. Continue cozinhando por mais 10 a 15 minutos ou até o arroz ficar macio. Se necessário, junte mais caldo, pois o arroz deve ser bem molhadinho. Tempere com sal a gosto. Junte as ervas frescas e mais um pouco da tintura até deixar o arroz bem vermelhinho, misture bem e sirva.

ANIS-ESTRELADO

(ILLICIUM VERUM) **FRANCÊS:** ANIS DE LA CHINE * **ALEMÃO:** STERNANIS * **ESPANHOL:** BADIANA * **INGLÊS:** STAR ANISE * **ITALIANO:** ANICE STELLATO

O anis-estrelado é um fruto em forma de estrela que nasce em uma árvore perene, nativa da China. Ela não dá frutos nos primeiros seis anos, mas depois pode produzir por mais de um século. De suas flores amarelas nascem os frutos que se abrem em forma de estrela quando ficam maduros. O fruto é utilizado seco, inteiro, picado ou moído.

Por ter um agradável perfume, os japoneses queimavam o anis-estrelado como incenso para aromatizar os ambientes e seu óleo é utilizado para aromatizar licores como o anisete. É tido como excelente diurético, e sua infusão alivia as dores de garganta.

Tem aroma pungente, semelhante, mas mais forte, que o da erva-doce, pois ambos contêm o óleo anetol. Por seu forte sabor adocicado, o anis-estrelado pede parcimônia no uso para não desequilibrar a harmonia dos pratos, pois é capaz de aparecer mesmo em molhos feitos com ingredientes de forte sabor.

Vai muito bem com carne de porco, pato ou galinha, vegetais variados, pratos de peixes, mariscos e pratos preparados com molho de soja. Muito usado nas cozinhas chinesa e vietnamita, é um ingrediente essencial da mistura chamada "5 especiarias chinesas" e no preparo dos famosos ovos marmorizados.

Outras sugestões de uso:
Para aromatizar musses, trufas e outros produtos de chocolate.

{DICA DE COZINHA}
Harmoniza muito bem com molhos de tomates, dando a eles um toque anisado que, de alguma maneira, lembra o do manjericão.

QUANTIDADES
SUGERIDAS DE USO

1 unidade para cada fruta cítrica na calda

1 unidade no cozimento de 6 ovos

2 unidades para ½ kg de carne vermelha ou branca

Confit de pato ao molho de açaí e anis-estrelado
(4 porções)

Confit
4 pernas grandes de pato
3 colheres de sopa (50 g) de sal grosso
1 kg de banha de pato ou de porco

Molho
200 g de polpa de açaí
1 xícara de chá (250 ml) de caldo de pato ou de galinha
2 colheres de sopa (30 ml) de aceto balsâmico
4 unidades de anis-estrelado (cozimento)
10 grãos de pimenta-do-reino
3 colheres de sopa (45 g) de açúcar
2 colheres de sopa (30 g) de manteiga gelada em cubinhos
1 colher de chá de amido de milho
Sal a gosto
8 anises-estrelados inteiros e bonitos (decoração)

MODO DE PREPARO DO CONFIT
Limpe as coxas de pato, tirando excessos de gordura e de pele. Arrume as coxas em uma vasilha, espalhe o sal grosso sobre elas e deixe na geladeira por umas 3 horas. Lave as coxas para retirar o sal, seque cada uma delas com papel de cozinha, coloque-as em um tabuleiro e leve-as ao forno quente apenas para dourar as peças. Disponha as coxas douradas em uma panela funda e cubra com a gordura.
Leve ao fogo mais baixo possível para que cozinhem dentro da gordura, mas sem perder a umidade (nunca deixe a gordura aquecer demais, pois isso deixa as coxas ressecadas).
Retire as coxas assim que ficarem bem macias, escorra para retirar o excesso de gordura e reserve em local aquecido.

MODO DE PREPARO DO MOLHO
Coloque em uma panela a polpa de açaí, o caldo, o açúcar, a pimenta-do-reino e o anis.
Leve ao fogo alto, deixando ferver até reduzir o líquido pela metade. Coe em uma peneira fina e torne a levar o caldo ao fogo; adicione o vinagre e ferva por mais 2 minutos. Tempere com sal, adicione o amido de milho e mexa até o molho engrossar. Adicione a manteiga gelada e bata bem o molho com um *fouet* até a manteiga ser incorporada. Corrija o tempero com sal e sirva com o pato enfeitado com raminhos de ervas e anises-estrelados inteiros.

ASSA-FÉTIDA

(FERULA ASSAFOETIDA L.) FRANCÊS: ASE FÉTIDE * ALEMÃO: STINKASANT * ESPANHOL: ASAFÉTIDA * INGLÊS: ASAFETIDA * ITALIANO: ASSAFETIDA

Nativa da Pérsia, foi uma especiaria muito importante na época do Império Romano, mas acabou esquecida na culinária ocidental. Parente da salsa e do salsão, hoje é cultivada principalmente na Índia, Paquistão e Egito. Por meio de cortes na parte superior, as raízes da planta produzem uma resina que rapidamente endurece. Pode ser usada em forma de pasta ou líquida, mas o mais comum é encontrarmos essa resina em pó, misturada a alguma fécula também moída.

Em razão da grande concentração de enxofre, seu cheiro não é agradável, mas depois de cozida seu aroma se transforma completamente tornando-se agradável e com notas que lembram alho e cebola refogados – por isso mesmo, é muito utilizada para substituir estes dois ingredientes em dietas em que eles não são permitidos, como no caso dos hare krishna.

É fundamental na culinária indiana e muito utilizada para temperar pratos vegetarianos, sobretudo com cereais e leguminosas, pois, além do agradável sabor, ajuda a eliminar a formação de gases. Também pode ser usada no preparo de peixes e carnes, além de entrar na composição de outros condimentos, por exemplo, no molho *worcestershire* (molho inglês) e no *masala*.

Outras sugestões de uso:
Para aromatizar molhos cremosos e purês de inhame – ambos ganham um sabor que lembra o das raras e valiosíssimas trufas.

{dica de cozinha}
Deve ser sempre mantida em uma vasilha bem tampada, para que seu aroma não se perca e nem mascare os outros ingredientes que estiverem por perto. Deve ser utilizada com parcimônia e no princípio da preparação, para que o cozimento provoque reações químicas que transformam o cheiro quase repugnante em aromas deliciosos.

QUANTIDADES SUGERIDAS DE USO

1 pitada em pratos com 2 xícaras de grão-de-bico

$1/4$ colher de chá em receita com 2 xícaras de arroz e lentilhas

Hambúrguer vegetariano
(4 porções)

Ingredientes
800 g de inhame
200 g de shitake (frescos, limpos e picadinhos)
200 g de shimeji (frescos, limpos e picadinhos)
200 g de champignon (frescos, limpos e picadinhos)
20 g de funghi seco
1 colher de chá de assa-fétida
3 colheres de sopa (45 ml) de molho shoyu
6 colheres de sopa (90 ml) de óleo de amendoim ou similar
Sal a gosto

MODO DE PREPARO
Descasque e lave os inhames, coloque-os para cozinhar em uma panela com água fria. Quando a água ferver, abaixe o fogo e deixe até ficarem macios, mas ainda firmes. Escorra a água e torne a levar os inhames ao fogo baixo para evaporar o excesso de umidade. Passe por um espremedor ou amasse até formar um purê liso e bastante firme. Cubra e deixe esfriar. Lave e escorra os cogumelos secos. Ponha-os em uma xícara de água fervente por cerca de 30 minutos para demolhar. Escorra e esprema bem os cogumelos, depois pique-os em pedaços bem pequenos. Reserve toda a água dos cogumelos. Aqueça uma colher de sopa do óleo em uma frigideira, junte a assa-fétida e mexa, cuidando para não deixar queimar. Junte os cogumelos picados e refogue um pouco. Coe a água dos cogumelos e adicione o caldo. Deixe cozinhar até os cogumelos ficarem macios e praticamente sem líquido algum. Aqueça bem uma frigideira grande de fundo grosso. Adicione 2 colheres de sopa do óleo (de amendoim ou similar) e, quando estiver fumegante, junte os cogumelos frescos e refogue com bastante fogo para que eles não desprendam sucos na frigideira. Junte os cogumelos secos reservados e o shoyu. Cozinhe em fogo alto até a mistura ficar sem umidade aparente. Deixe esfriar. Misture em uma tigela o purê de inhame e o refogado de cogumelos, junte um pouco do óleo e amasse até ficar uma mistura homogênea e que não grude nas mãos. Corrija o tempero com sal.

MONTAGEM
Unte um tabuleiro com um pouco de óleo. Separe a massa em oito partes iguais. Unte a mão com um pouco de óleo e molde cada parte no formato de um hambúrguer. Coloque no tabuleiro untado e pincele um pouco de óleo na parte de cima de cada peça. Aqueça uma frigideira de teflon e grelhe dois ou três de cada vez, de acordo com o tamanho da frigideira e do poder do fogo. Vire cada um deles usando uma espátula e doure dos dois lados, repetindo o processo até grelhar todos os hambúrgueres. Sirva com as cebolinhas da receita da página 53.

AZEDINHA

(RUMEX ACETOSA) FRANCÊS: OSEILLE DE BELLEVILLE * ALEMÃO: GROSSER SAUERAMPFER * ESPANHOL: ACEDERA * INGLÊS: GARDEN SORREL * ITALIANO: ACETOSA MAGGIORE

Existem diversas variedades de azedinha, todas muito antigas, e como o nome popular indica, têm gosto azedo, pois sua principal característica é a acidez. Já eram utilizadas no Egito dos faraós e ainda são comuns hoje na cozinha egípcia moderna. Os antigos gregos e romanos também a cultivavam e usavam sua acidez para ajudar na digestão de comidas pesadas e gordurosas. A azedinha se espalhou pela Europa, tornando-se popular na Inglaterra e sobretudo na França.

A azeda-da-horta e a azeda-francesa são duas das espécies cultivadas para serem usadas como vegetais ou ervas, sendo a segunda ligeiramente menos ácida, e, portanto, a preferida dos cozinheiros.

É facilmente transformada em um purê, quando reduzida na manteiga, sendo a base ideal de um molho para acompanhar peixe cozido ou ovos. Sua acidez ajuda a amaciar carnes mais rijas – para isso basta envolver a peça com as folhas antes de assar. Vai bem crua em saladas verdes, ou cozidas com queijos macios, vitela, porco, peixe e em omeletes.

Na França, é muito usada na sopa de azedinhas e no clássico *saumon á l'oseille* (salmão com molho de azedinha), cuja receita recebe uma nova interpretação a seguir.

Outras sugestões de uso:
Para rechear bandas de ovos cozidos (picadinha e amassada com gemas cozidas); para dar um toque especial em sanduíches.

{DICA DE COZINHA}
Cozinhe dez segundos em água fervente e resfrie em água gelada, esprema bem e bata no liquidificador com um pouco de gelo e azeite de oliva, use para decorar pratos. Deve ser cozida por pouco tempo para conservar seu sabor e frescor.

Rosas de salmão num jardim de azedinhas
(4 porções)

Salmão
600 g de filé de salmão
1 colher de chá de semente de coentro em pó
1 colher de chá de urucum/anato
2 colheres de sopa (15 g) de farinha de trigo
½ colher de chá de pimenta-do-reino

Molho
1 copo americano (200 ml) de vinho branco seco
2 copos americanos (400 ml) de creme de leite fresco
½ tablete (100 g) de manteiga gelada em cubinhos
12 grãos de pimenta-do-reino preta
200 g de azedinha
1 colher de sopa de sal
5 colheres de sopa de azeite

MODO DE PREPARO DO SALMÃO
Misture bem o coentro, o urucum, a farinha de trigo e parte do sal. Corte o filé de salmão em tiras finas de ½ cm de espessura. Coloque as tiras lado a lado dentro de uma travessa e polvilhe sobre elas a metade do tempero seco. Vire as fatias e repita o tempero. Enrole cada tira sobre si mesma e coloque-as de pé, como se fossem pequenos botões de rosa. Aqueça bem uma frigideira grande antiaderente e acrescente uma colher de azeite. Coloque algumas das rosas de pé na frigideira, afastadas umas das outras; deixe-as fritando sem mexer, até que a parte de baixo comece a ficar tostada (e a parte de cima ainda malpassada). Retire da frigideira e coloque em um tabuleiro, mantendo em local aquecido enquanto estiver preparando as demais rosas na frigideira.

MODO DE PREPARO DO MOLHO
Ponha em uma panela pequena de inox o vinho e os grãos de pimenta-do-reino grosseiramente amassados. Deixe ferver até quase secar. Adicione o creme de leite e deixe em fogo baixo para reduzir um pouco. Lave as folhas de azedinhas e afervente-as por 2 minutos em água fervente, retire e coloque em água gelada. Escorra, esprema bem e pique bem fino. Coloque no liquidificador com 2 cubos de gelo e bata para formar um purê. Coe o creme de leite e volte ao fogo, junte os cubinhos de manteiga e bata bem com um *fouet*; acrescente o purê de azedinha e tempere com sal.

MONTAGEM
Distribua as rosas de salmão fazendo buquês no centro dos pratos e despeje o molho até cobrir-lhes o fundo.

BAUNILHA

(VANILLA PLANIFOLIA) FRANCÊS E ALEMÃO: VANILLE * ESPANHOL: VAINILLA * ITALIANO: VANIGLIA * INGLÊS: VANILLA

A baunilha é a vagem de uma enorme orquídea trepadeira originária do sul do México e da América Central, que foi levada para a Europa pelos espanhóis. Como toda flor, necessita ser polinizada por um inseto e, no caso da baunilha, apenas um inseto encontrado no México é capaz de tal proeza. Dessa maneira, em todos os outros lugares onde é cultivada, deve ser polimerizada artificialmente. Hoje, a baunilha é também cultivada em países como Madagascar, Porto Rico e Brasil.

Foram os astecas que desenvolveram a técnica de curar as favas, fermentando-as e secando-as diversas vezes, pois quanto mais lento o processo melhor a qualidade da vanilina branca cristalizada que lhes dá sabor. As melhores favas são flexíveis, mas resistentes, de cor castanho-escura e cobertas por uma camada de cristais aromáticos.

Por ser uma especiaria bastante cara e com grande demanda, há uma quantidade enorme de imitações sintéticas em forma líquida no mercado. A melhor forma de produzir a essência natural de baunilha é pela infusão das favas trituradas em álcool, e as favas quebradiças e secas devem ser evitadas.

Sua utilização como aromatizante é fundamental em vários produtos industrializados. A essência natural vai bem no chocolate e no café. É também muito apreciada em doces, sorvetes, tortas e em famosas sobremesas como marrom glacê e creme *brullê*. Além dessas aplicações em confeitaria, ela também pode ser usada com versatilidade na cozinha, pois pratos de carnes, aves, peixes, frutos do mar, legumes e cereais ganham riqueza aromática com seu delicioso perfume adocicado.

Outras sugestões de uso:
Misturar as sementes com manteiga para servir com grelhados, para dar um toque especial em um recheio de ravióli de abóbora etc.

{DICA DE COZINHA}
Por ser muito volátil, manter as favas em vasilhas bem tampadas. Elas servem para aromatizar azeites, vinagres, açúcar, farinha de trigo e até mesmo arroz, quando colocadas junto desses ingredientes.

QUANTIDADE SUGERIDA DE USO

2 favas por xícara de leite para uma calda

Purê de batata-doce com baunilha
(4 porções)

Ingredientes
800 g de batata-doce
¾ de xícara de chá (150 g) de açúcar cristal
½ xícara de chá (100 g) de manteiga sem sal
½ fava de baunilha
1 colher de sopa de sal
½ colher de chá de pimenta-do-reino branca

MODO DE PREPARO
Derreta o açúcar em uma panela de fundo grosso, junte 1 litro de água e mexa até que o caramelo esteja dissolvido. Lave e descasque as batatas, pique-as e junte-as à calda de caramelo. As batatas precisam ficar cobertas pela calda — caso seja necessário, junte mais um pouco de água. Cozinhe até ficarem macias. Retire-as, deixando a calda no fogo baixo. Abra a metade da fava da baunilha e retire as sementes com uma faquinha, coloque as sementes e as cascas na calda e deixe reduzir. Retire as cascas e descarte-as. Passe as batatas por um espremedor e leve ao fogo em outra panela, juntamente com a manteiga. Bata bem, de preferência com uma batedeira elétrica portátil, acrescentando a calda de baunilha aos poucos até o purê ficar bem cremoso. Tempere com o sal e a pimenta-do-reino. Sirva com carnes, aves e peixes grelhados.

CANELA

(CINNAMOMUM ZEYLANICUM) **FRANCÊS: CANNELLE * ALEMÃO: KANEEL * ESPANHOL: CANELA * ITALIANO: CANNELLA * INGLÊS: CINNAMON**

Introduzida na Europa pelos navegantes fenícios, esta especiaria delicadamente fragrante e ligeiramente doce é nativa do Sri Lanka (antigo Ceilão). Encontramos a canela no dia a dia do Egito Antigo, onde a rainha Hatshepsut a usava em seus perfumes e Moisés, para preparar um óleo sagrado depois de receber uma mensagem de Deus. Ainda hoje é muito popular e cresce na maioria das regiões tropicais quentes e úmidas.

Existem várias espécies de canela, como a canela-chinesa e a canela-cássia, que também possuem um sabor suave e são confundidas com o que chamamos de canela verdadeira, mais cara e difícil de encontrar. A especiaria é a casca retirada dos ramos do arbusto e posta a secar ao sol, quando então endurecem enroladas. É comum também encontrarmos a canela moída.

De sabor mais picante, a canela-cássia (*Cinnamomum cassia*) é a mais consumida no Brasil, tendo sido trazida pelos portugueses e hoje adaptada as nossas regiões tropicais. Essa espécie é a mais apropriada para temperar carnes. Este hábito, não muito comum nas Américas, traz um sabor peculiar aos assados e é muito difundido no Oriente Médio e norte da África.

Uma das especiarias mais versáteis e populares, a canela em pau é utilizada em conservas, cozidos e compotas, vai muito bem com maçã, banana, e ameixas assadas. A canela moída não deve ser utilizada em cozimentos, apenas para polvilhar na finalização de pratos, ou como ingrediente de torradas, pães e bolos.

Outras sugestões de uso:
Colocar um pau de canela no óleo para qualquer tipo de fritura; uma pitada de canela em pó adicionada à farinha de rosca, dá um aroma especial aos empanados.

{DICA DE COZINHA}
Use canela em pau em pratos caldeados e em pó nos mais secos.

QUANTIDADES SUGERIDAS DE USO

2 colheres de chá em mistura ou receita para bolo de chocolate

1 colher de chá em 1 litro de sorvete de creme

1 colher de chá em 2 xícaras de maçã para torta

2 pedaços de 6 cm para 3 xícaras de frutas para compota

2 pedaços de 6 cm em 1 litro de bebida quente

Filé-mignon de porco com lulas e canela
(4 porções)

Ingredientes

500 g de filé-mignon de porco
500 g de lulas em anéis grossos
½ copo americano (100 ml) de vinho tinto seco
1 xícara de chá (250 ml) de caldo de carne
1 cebola grande picadinha
3 dentes de alho picadinhos
3 cavacos grandes de canela
1 folha de louro
2 colheres de sopa (15 g) de farinha de trigo
1 colher de café de pimenta-do-reino preta
3 colheres de sopa (45 ml) de azeite de oliva
Sal a gosto

MODO DE PREPARO

Pique o filé em cubos de 3 cm de aresta. Aqueça o azeite em uma panela de fundo grosso, refogue a cebola, o alho e os paus de canela até a cebola começar a dourar. Polvilhe a carne com a farinha de trigo e coloque os pedaços na panela, aumente o fogo e doure a carne de todos os lados. Adicione as lulas e mexa, junte o vinho e o louro. Cozinhe em panela aberta até o álcool evaporar. Acrescente o caldo, abaixe o fogo e tampe a panela. Cozinhe até as lulas ficarem macias e o molho grosso. Tempere com o sal e a pimenta-do-reino.

CAPIM-LIMÃO

(CYMBOPOGON CITRATUS) **FRANCÊS: HERBE DE CITRON * ALEMÃO: ZITRONENGRAS * ESPANHOL: HIERBA DE LIMÓN * ITALIANO: ERBA DE LIMONE * INGLÊS: LEMON GRASS**

Acredita-se que o capim-limão seja originário do Oriente e facilmente encontrado na Ásia e no Mediterrâneo. Cresce rapidamente em áreas tropicais e subtropicais. Seu óleo essencial era utilizado pelos egípcios, gregos e romanos na perfumaria e na aromaterapia. Foi trazido da Europa para o Brasil pelos colonizadores portugueses.

Apresenta-se em largas touceiras firmemente enraizadas e, por isso mesmo, é comum encontrarmos a planta em lavouras, ao longo das curvas de nível para evitar a erosão ou ao longo de ferrovias ou rodovias para firmar barrancos. Foi muito utilizada na construção das estradas de ferro brasileiras, o que ajudou a espalhar seu cultivo por todo o país.

Na culinária, ao se cortar as folhas, liberamos seu intenso e agradável aroma cítrico, e pode ser utilizado em sopas, marinados, saladas e picles. Vai bem com omeletes e outros pratos com ovos. É um complemento delicioso nas compotas de frutas. Na culinária tailandesa, acompanha com perfeição o leite de coco.

Embora largamente utilizado nas culinárias orientais, no Brasil o capim-limão é mais conhecido como um chá de propriedades calmantes.

> Não devemos confundir o capim-limão com erva-cidreira, o sabor é semelhante, mas são plantas diferentes, apesar de muitas vezes um ser chamado pelo nome do outro. O *cymbopogon citratus*, tratado aqui, é também conhecido como capim-cidreira, ou capim-santo. A *melissa oficinalis*, conhecida entre nós como erva-cidreira, é da família da menta e do hortelã.

Outras sugestões de uso:
Creme de abóbora com leite de coco e capim-limão; escalopinho de filé-mignon de porco ao molho de capim-limão.

{DICA DE COZINHA}
Usar capim-limão para dar um toque especial nos sucos de frutas.

QUANTIDADES SUGERIDAS DE USO

1 talo de 10 cm no cozimento de 1 kg de carne vermelha ou frango

1 talo de 10 cm no marinado de 1 kg de frutos do mar (peixes)

Filé de frango com capim-limão, manga e coco
(4 porções)

Ingredientes

400 g de filé de frango cortado em tirinhas
2 copos americanos (400 ml) de leite de coco
1 colher de sopa de gengibre picadinho
½ pimentão vermelho em tirinhas
1 cebola roxa média em tirinhas
1 dente de alho picadinho
2 colheres de sopa de coentro fresco
2 colheres de sopa de capim-limão
1 manga não muito madura em cubinhos
1 pimenta dedo-de-moça sem semente picadinha
3 colheres de sopa de óleo de milho
Sal a gosto

MODO DE PREPARO

Leve ao fogo uma panela pequena com o leite de coco e o capim-limão, deixe ferver até o leite de coco reduzir em ¼. Coe para retirar a erva-cidreira. Leve ao fogo uma panela *wok* ou uma frigideira grande, até ficar bem quente, junte o alho, o gengibre e a pimenta, refogue por uns 2 minutos, acrescente a cebola e o pimentão e mexa por mais 2 minutos. Junte o frango, mexa e cozinhe por mais 3 minutos, acrescente a manga e o leite de coco coado. Deixe ferver por 2 minutos e tempere com sal a gosto. Sirva com arroz branco.

CARDAMOMO

(ELETTARIA CARDAMOMUM) FRANCÊS: CARDAMOME * ALEMÃO: KARDAMOME * ESPANHOL E ITALIANO: CARDAMOMO * INGLÊS: CARDAMOM

Usada pela primeira vez pelos egípcios e, depois, pelos antigos gregos e romanos, o cardamomo chega à Europa por meio das velhas rotas das caravanas. A planta cresce profusamente na costa do Malabar, na Índia, mas já a encontramos em países da América Central, como o México e a Guatemala.

Membro da família do gengibre, é um arbusto alto e perene. Depois da floração, seus pequenos pedúnculos exibem cápsulas verdes cheias de sementes que precisam ser colhidas manualmente e postas a secar ao sol ou com calor; cada cápsula contém até 20 sementes aromáticas. Como o açafrão e a baunilha, é uma especiaria cara.

O uso do cardamomo é muito difundido na Índia, onde é ingrediente fundamental dos *curries* e *pilaus*, e no Oriente Médio, onde o encontramos perfumando doces e café. Na França e nos Estados Unidos, seu óleo é comum em perfumaria.

Para realçar o aroma das sementes de cardamomo, devemos torrá-las previamente. Abra o invólucro da cápsula e retire as sementes pegajosas castanho-escuras. Aqueça uma frigideira, coloque nela as sementes e mexa até que elas fiquem completamente torradas.

Mistura equilibrada de aromas cítricos como o eucaliptos e a cânfora, o cardamomo é uma especiaria muito aromática, pungente e penetrante, sem ser picante ou amarga. A infusão de cardamomo no leite serve de base para bebidas, cremes e pudins. Seu uso na cozinha é amplo e ele serve para dar um toque de sofisticação no paladar até no mais simples dos pratos.

Outras sugestões de uso:
Molhos agridoces; pratos à base de leite de coco.

{DICA DE COZINHA}

A casca (cápsula) do cardamomo deve ser retirada antes de servir o prato, pois ela é desagradável de ser mastigada e ainda transmite um sabor amargo, diferentemente das sementes.

QUANTIDADES SUGERIDAS DE USO

½ colher de chá de cardamomo em pó na salada de frutas para 4 pessoas

¼ de colher de sopa de cardamomo em pó no bolo de chocolate com nozes

Chutney de jaca ao cardamomo
(rendimento: 200 g)

Ingredientes
200 g de polpa de jaca dura em lascas
½ xícara de chá (100 g) de açúcar
1 xícara de chá (250 ml) de vinagre de maçã
1 colher de sopa de gengibre picadinho
4 pimentas dedo-de-moça sem sementes
 e picadinhas
1 colher de chá de cardamomo em pó
1 pitada de sal

MODO DE PREPARO
Leve ao fogo uma panela com ½ litro de água até ferver. Junte a polpa de jaca, o gengibre e as pimentas, deixe ferver em fogo baixo até que a jaca esteja cozida e o líquido tenha sido praticamente todo evaporado. Adicione o açúcar, o vinagre e misture bem. Continue cozinhando em fogo baixo até o vinagre ser reduzido pela metade. Junte o cardamomo e o sal.
Misture bem, retire a panela do fogo e deixe esfriar. Servir como acompanhamento de carne de porco ou de galinha, assadas ou fritas.

CEBOLINHA

(ALLIUM SCHOENOPRASUM) **FRANCÊS: CIBOULETTE** * **ALEMÃO: SCHNITTLAUCH** * **ESPANHOL: CEBOLLINO** * **ITALIANO: ERBA CIPOLLINA** * **INGLÊS: CHIVE**

De origem desconhecida, a cebolinha se adapta facilmente a diversos climas, por isso é conhecida em praticamente todos os continentes. Seu cultivo se difundiu na Europa após a Idade Média e seu uso é muito popular até hoje, tendo se tornado ingrediente fundamental na culinária francesa.

Rica em vitamina A e C, a cebolinha pertence à família das cebolas, mas tem sabor mais delicado, pois contém menos enxofre. Quando finamente cortada, sua cor verde-claro faz dela um suplemento muito atrativo, além de saboroso, nos pratos em que é usada. É uma das clássicas *fines herbes*, com a salsa, o estragão e o cerefólio.

A cebolinha combina muito bem com pratos à base de ovos. Também é recomendada em saladas, peixes, massas, queijos macios e sopas — por exemplo, o *minestrone*. Pode ser utilizada desidratada, mas quando for usada picada a melhor forma é a fresca e a tesoura é o melhor instrumento.

Outras sugestões de uso:
Misturar com maionese para besuntar nos sanduíches; salpicar em sopas.

{DICA DE COZINHA}
Dar cortes longitudinais na parte branca ainda presa na raiz e colocar em água gelada por algumas horas para formar belas decorações de pratos.

QUANTIDADES SUGERIDAS DE USO

1 colher de chá para um omelete com 4 ovos

1 colher de chá no molho para massa para 4 pessoas

salpicar no acabamento de pratos

Talos de cebolinha ao molho de feijão-preto
(4 porções)

Ingredientes
2 molhos grandes de cebolinha verde
1 xícara de chá de feijão-preto cozido
1 xícara de chá (250 ml) de caldo do feijão
1 limão (suco)
2 pimentas-cumari em conserva
12 pimentas de biquinho em conserva
20 tomatinhos cereja picados em quatro bandas
½ pimentão amarelo sem pele em tirinhas
2 colheres de sopa de grãos de feijão-preto cozido
4 colheres de sopa de azeite de oliva
Sal a gosto

MODO DE PREPARO
Lave e escorra bem os talos de cebolinha.
Depois, corte as raízes bem rentes ao caule. Corte os caules com cerca de 10 cm de comprimento, preservando toda a parte branca e uma pequena parte verde.
Corte o restante da parte verde do caule em rodelinhas finas; já as folhas, corte na diagonal em anéis finíssimos. Reserve os três cortes da cebolinha separados. Coloque em uma tigela os tomatinhos, as rodelinhas de cebolinhas, o pimentão e os grãos de feijão. Junte quatro pimentas-de-biquinho picadinhas, metade do azeite e misture bem. Tempere com sal.
Bata o feijão com o caldo e as pimentas-cumari no liquidificador. Passe por uma peneira e junte o suco do limão e a metade do azeite, misturando com uma colher. Tempere com sal.
Leve ao fogo em uma panela até ferver; junte um pouco de sal, acrescente os caules de cebolinha e cozinhe por 2 a 3 minutos. Coloque os caules em água gelada para resfriar e escorra.

MONTAGEM
Ponha um pouco do molho de feijão em diagonal no centro de um prato branco; disponha a porção de caules sobre o molho. Guarneça com a salada de tomatinhos e coloque mais um pouco do molho. Regue com mais azeite e salpique com os anéis das folhas de cebolinhas. Sirva como entrada vegetariana, acompanhada de torradas.

CERÉFOLIO

(ANTHRISCUS CEREFOLIUM) **FRANCÊS:** CERFEUIL * **ALEMÃO:** KERBEL * **ESPANHOL:** PERIFOLLO * **ITALIANO:** CERFOGLIO * **INGLÊS:** CHERVIL

Erva aromática da família da cenoura, tem sua origem na Rússia e na Ásia Ocidental, onde é cultivada desde o início da Era Cristã. O cerefólio foi apresentado para o resto da Europa pelos romanos. De talos rígidos e folhas frisadas, é uma das primeiras plantas a aparecer na primavera; cresce facilmente e prefere um clima fresco e úmido.

Cerefólio significa "folha da alegria". Uma das *fines herbes*, é essencial na cozinha francesa, suplantando frequentemente a salsa, com a qual se assemelha, embora tenha sabor bem mais suave e um aroma que faz lembrar o do anis. É muito delicado, o que obriga a cuidados especiais em cozimentos demorados e de altas temperaturas. Por isso, quando não for simplesmente utilizado cru, deve ser adicionado aos pratos quentes quando estiverem quase prontos.

Use o cerefólio como a salsa, embora seu melhor emprego seja espalhado sobre a salada, pouco antes de servir. Combina com peixes, mariscos cozidos, sopas, omeletes, ovos mexidos, frango, molhos suaves de manteiga e queijos macios. É delicioso em *consommés* e dá um delicado sabor a vinagretes, na manteiga ou em molhos cremosos. Apesar de não ser erva capaz de prevalecer sobre os demais ingredientes de um prato, o cerefólio é conhecido por ter a propriedade de realçar as demais ervas combinadas com ele.

Outras sugestões de uso:
Usar em molhos *veloutés* para peixes ou frango; como substituto do estragão no molho *bernaise*.

{DICA DE COZINHA}
Use raminhos de cerefólio polvilhados com açúcar impalpável para decorar sobremesas empratadas.

QUANTIDADES SUGERIDAS DE USO

2 colheres de sopa para 1 ½ kg de peixe

1 colher de chá em sopa e caldos

Omelete de banana com queijo e cerefólio
(4 porções)

Ingredientes

4 ovos grandes a temperatura ambiente
2 bananas-maçã em tiras finas
4 fatias (100 g) de queijo prato
1 colher de sopa de água
1 colher de chá de cerefólio
½ colher de café de pimenta-do-reino
1 colher de sopa de manteiga
Sal a gosto

MODO DE PREPARO

Quebre os ovos e coloque-os em uma tigela, junte a água e misture bem com um garfo apenas para juntar as gemas às claras, sem formar muita espuma. Coloque em fogo médio uma frigideira aderente grande até aquecer bem. Adicione a manteiga e gire a frigideira para que esta se espalhe por todo o fundo e a lateral da frigideira. Junte o excesso de manteiga da frigideira aos ovos, adicione o sal, a pimenta, metade do cerefólio e misture. Despeje a mistura na frigideira quente cuidando para que os ovos fiquem bem distribuídos no fundo. Espalhe as tiras de banana no centro, sobre os ovos, coloque as fatias de queijo por cima e polvilhe com o restante do cerefólio.
Abaixe o fogo e tampe a frigideira, mas deixe uma fresta aberta para escapar o vapor. Quando os ovos começarem a firmar, dobre a omelete ao meio e tampe novamente. Apague o fogo e espere mais 2 minutos.

MONTAGEM

Passe a omelete para um prato e parta em quatro partes. Sirva no café da manhã ou no lanche, acompanhada de salada verde.

COENTRO

(CORIANDRUM SATIVUM) FRANCÊS: CORIANDRE * ALEMÃO: KORIANDER * ESPANHOL: CILANTRO * ITALIANO: CORIANDOLO * INGLÊS: CORIANDER

Nativo do sul da Europa e do Oriente Médio, é um tempero muito antigo, e um dos cheiros mais populares nas cozinhas de todo o mundo. Seu uso culinário e medicinal já era comum entre os egípcios e os romanos e logo se tornou muito popular na Europa e na Ásia.

O coentro é facilmente encontrado fresco, como é tradicionalmente usado na culinária brasileira, em grãos ou em pó. Fresco, se parece com a salsa, mas com odor característico e um leve sabor de limão, por isso mesmo está sempre presente nos pratos de peixe, camarão e frutos do mar.

A semente se quebra facilmente, desprendendo um aroma cítrico e tem um sabor mais suave e adocicado, diferente das folhas. É facilmente encontrada e muito barata. Podem ser usadas assim ou tostadas, o que realça ainda mais o seu sabor, mas não deve estar velha e ressecada, pois perde muito de suas qualidades. Pode ser usada inteira em ponches, picles, doces e café. Quando triturada, enriquece a preparação de doces, bolachas, pães e molhos de *curry*.

Outras sugestões de uso:
Folhas de coentro fresco picadinhas dão um sabor especial ao creme de abacate com limão ou em um néctar de manga e maracujá. As sementes torradas e quebradas grosseiramente dão riqueza gustativa aos bolos de frutas típicos do Natal.

{DICA DE COZINHA}
Nunca dispense os talos ou raízes de coentro, pois juntos, picados, dão um sabor especial ao tradicional refogado de alho e cebola. As folhas devem ser adicionadas no fim do cozimento, enquanto que as sementes inteiras ou em pó podem entrar no começo ou no fim da cocção.

QUANTIDADES
SUGERIDAS DE USO

2 colheres de chá de folhas trituradas para ½ kg de peixe

½ colher de chá de semente moída para 1 kg de galinha

1 colher de chá de folhas trituradas para 1kg de carne moída

Filé de frango com crosta de coentro
(4 porções)

Ingredientes
4 filés de frango de cerca de 150 g cada
1 colher de sopa de coentro em grãos
4 fatias de pão de fôrma integral sem casca
2 colheres de sopa de salsinha picadinha
1 dente de alho picadinho
1 colher de sopa de farinha de trigo para polvilhar
2 colheres de sopa de mostarda em pasta
2 colheres de sopa de maionese
4 colheres de sopa azeite de oliva
Sal e pimenta-do-reino a gosto

MODO DE PREPARO
Tempere os filés de frango com sal e pimenta-do-reino. Aqueça uma frigideira de fundo grosso até ficar bem quente, coloque 1 colher de sopa do azeite e doure 2 filés de cada vez, até que estejam dourados por fora, mas ainda crus por dentro. Reserve e doure os demais.
Aqueça as sementes de coentro em uma frigideira. Coloque em um pilão e triture grosseiramente. Reserve. Pique as fatias de pão com as mãos e coloque no processador de alimentos. Adicione a salsinha, o coentro triturado, a pimenta-do-reino, o azeite e uma pitada de sal. Processe ligando e desligando o aparelho até formar uma farofa grosseira. Misture a mostarda e a maionese em uma vasilha à parte. Polvilhe um lado dos filés com a farinha, besunte este lado com a pasta de maionese e prense a farofa de pão por cima. Transfira para uma assadeira com a crosta para cima.
Leve ao forno a 180°C por cerca de 25 minutos, cuidando para que a crosta fique tostada e crocante e o filé fique cozido e macio. Sirva com purê de legumes ou salada verde.

COMINHO

(CUMINUM CYMINUM) FRANCÊS E INGLÊS: CUMIN * ALEMÃO: KREUZKÜMMEL * ESPANHOL: COMINO * ITALIANO: CUMINO

O cominho é originário do Oriente e cultivado nos países mediterrâneos desde tempos remotos. A planta nasce em clima quente e seco, e apenas as sementes têm uso culinário, podendo ser usadas inteiras ou moídas. Foram os espanhóis que o introduziram na América Latina, onde se tornou uma especiaria culinária muito popular.

Os romanos o utilizavam como pimenta, na forma de pasta para passar no pão, e até como conservante de alimentos. Segundo Plínio, seus discípulos usavam-no para acentuar a palidez, de forma a fazê-lo acreditar que estavam sobrecarregados de trabalho. Dele também se extrai um óleo utilizado na perfumaria.

Seu aroma é forte, um tanto acre, e o sabor domina, por isso é muito usado no tempero de carnes e do feijão. É o ingrediente principal do *chille con carne* mexicano, e indispensável no preparo do chucrute alemão. Pode também ser empregado no preparo de pães, queijos e licores. Em grãos ou em pó vai bem com arroz, tomates, ovos, sopas, molho para churrasco e no cozimento de carnes em geral, incluindo caças, aves selvagens e costelas.

Outras sugestões de uso:
As sementes tostadas dão um sabor especial a picles e conservas; têm também muita afinidade com berinjela, batata, ervilha, feijão, arroz, peixe, frango, porco e cordeiro.

{DICA DE COZINHA}
Congelar o creme inglês da receita a seguir e fazer dele um delicioso e surpreendente sorvete de cominho.

QUANTIDADES
SUGERIDAS DE USO

⅛ a ¼ de colher de chá ao cozinhar 1 xícara de arroz

¼ a ½ de colher de chá em marinada para 700 g de carneiro

½ colher de chá para 500 g de carne moída para almôndegas

½ colher de chá no cozimento de 500 g de carnes

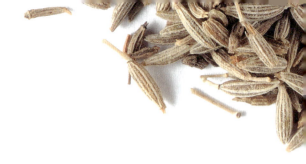

Creme inglês de cominho
(½ litro)

Ingredientes
2 xícaras de chá (½ litro) de leite integral
1 xícara de chá de açúcar refinado
1 colher de sopa de sementes de cominho
6 gemas

MODO DE PREPARO
Leve ao fogo uma panela com as sementes de cominho, aqueça até o aroma de cominho ser notado, junte o leite e deixe ferver. Bata o açúcar com as gemas até formar um creme esbranquiçado. Junte o leite quente ao creme de gemas e mexa. Torne a levar ao fogo baixo e mexa até o creme engrossar de maneira a cobrir o costado da colher. Passe por uma peneira fina e esfrie o creme colocando-o em um banho-maria invertido. Sirva com frutas frescas, tortas etc.

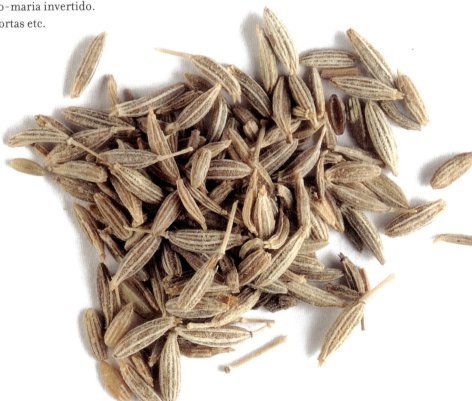

CRAVO-DA-ÍNDIA

(EUGENIA CARYOPHYLLATA) FRANCÊS: CLOU DE GIROFLE * ALEMÃO: GEWÜRZNELKEN * ESPANHOL: CLAVO * ITALIANO: CHIODO DI GAROFANO * INGLÊS: CLOVE

Nativo das Ilhas Moluca, do Zanzibar e da Malásia, o cravo já era usado pelos cozinheiros chineses centenas de anos antes da Era Cristã. No século 17, os holandeses estabeleceram o monopólio dessa especiaria que, apenas no século seguinte, foi quebrado pelos franceses quando conseguiram sementes e espalharam o cultivo por outros países tropicais, incluindo o Brasil. As árvores só florescem em clima marítimo tropical e são altíssimas, podendo chegar a nove metros de altura.

O nome deriva de sua aparência: *clou*, em francês, vem da palavra latina *clarus*, que significa prego. É o botão da árvore, colhido antes de abrir em flor, que é seco e chamado de cravo-da-índia; pode ser encontrado inteiro e em pó.

O sabor penetrante, doce e pungente, quase quente, vem do óleo essencial eugenol, que é também um potente antisséptico. O calor do cozimento atenua seu sabor amargo, tornando-o uma especiaria fora do comum na cozinha do dia a dia. Quando adicionado ao cardamomo e à canela, tempera vários *curries* orientais. É perfeito para o uso em conservas e marinados, ou, simplesmente, com frutas cozidas e compotas.

Mas use com cuidado, pois o sabor e o aroma são fortes e dominantes. Os cravos inteiros são também muito comuns para decorar desde frutas, cascas de frutas, cebolas, carnes de porco e de vaca. Cravos moídos são utilizados em bolos temperados, pudim, alguns pães, saladas de frutas, glacês e tortas de frutas.

Outras sugestões de uso:
O cravo tem afinidade com abóbora, maçã, beterraba, batata-doce, porco, carne de caça, cordeiro, rapadura e açúcar mascavo. Dá um sabor especial ao leitão e deixa um caldo do cozido ainda mais apetitoso.

{DICA DE COZINHA}
Tenha cautela na quantidade adicionada do cravo em pó. Seu sabor é muito forte e depois de colocado, não tem como ser retirado, com se faz com o cravo inteiro.

QUANTIDADES SUGERIDAS DE USO

MOÍDO
¾ de colher de chá para 3 kg de porco assado

⅛ de colher de chá em 2 xícaras de chá de verduras frescas

INTEIRO
1 a 2 para cada xícara de chá quente ou frio ou para vinho

2 a 3 para cada pêssego ao fazer pêssegos temperados

Tortinha folhada de pé de moleque e cravo-da-índia
(12 unidades)

Ingredientes

500 g de massa folhada
½ xícara de chá (100 g) de manteiga amolecida (consistência de pomada)
250 g de amendoim torrado e moído
250 g de rapadura picada
½ copo americano (100 ml) de água
1 copo americano (200 ml) de creme de leite
1 colher de sopa de amido de milho
6 gemas
8 cravos inteiros ou ¼ de colher de chá de cravo em pó para a calda
12 cravos inteiros para decorar
Açúcar de confeiteiro para decorar

MODO DE PREPARO

Abra a massa folhada formando um retângulo com 0,5 cm de espessura. Espalhe a manteiga com as costas de uma colher grande para cobrir toda a massa. Enrole como se fosse um grande charuto com cerca de 4 cm de diâmetro.
Corte em rolinhos de 2,5 cm de comprimento. Coloque um rolinho dentro da forminha do tipo empadinha n° 6 e abra bem com os dedos polegares. Corte o excesso de massa com uma faca e mantenha as forminhas forradas na geladeira. Leve ao fogo uma panela pequena com a rapadura, a água, os cravos e deixe ferver em fogo baixo até formar uma calda grossa.
Retire do fogo, descarte os cravos e deixe esfriar um pouco. Junte o amendoim e mexa.
Misture o creme de leite, o amido de milho e as gemas. Passe por uma peneira e junte ao pé de moleque. Coloque as forminhas em um tabuleiro, ponha o creme, cuidando para que ele fique um pouco abaixo da borda da massa.
Asse em forno quente a 220°C por cerca de 20 minutos ou até firmar o recheio. Retire do forno, deixe esfriar um pouco e retire da forminha. Polvilhe com açúcar de confeiteiro e espete um cravo para decorar.

CÚRCUMA

(CURCUMA LONGA) FRANCÊS: CURCUMA * ALEMÃO: GELRWURZ * ESPANHOL: CÚRCUMA * ITALIANO: CURCUMA * INGLÊS: TURMERIC

Nativa do sudeste da Ásia, a cúrcuma é cultivada há mais de dois mil anos na Índia, na China e no Oriente Médio. Espalhou-se pelo mundo adaptando-se rapidamente às regiões úmidas e tropicais. Trazida pelos colonizadores, é cultivada no Brasil desde o século 17.

A cúrcuma era usada como corante de tecidos, pois é o corante amarelo mais barato que existe. Também na culinária é usada para colorir alimentos, especialmente a mostarda, manteiga, queijos, picles e *curries* indianos. A planta é da família do gengibre e é de suas raízes que se fabrica o pó de cor forte amarelo-alaranjado que utilizamos.

Embora no Brasil a cúrcuma seja conhecida como açafrão-da-terra, não tem nada a ver com o açafrão verdadeiro. A cor é também dourada, mas o sabor é levemente amargo e por isso não pode substituir nem o açafrão, nem o urucum. Basta uma pequena quantidade para dar cor aos pratos.

É usada em sopas, ovos, arroz, picles, molhos cremosos, pães, aperitivos, maioneses e massas. Vai bem com frango e peixe. E pode dar cor a sobremesas e sucos. É fundamental em pratos vegetarianos indianos e na composição do *curry*.

Outras sugestões de uso:
Use na massa de biscoito de polvilho ou pão de queijo; feijão-branco com cúrcuma fica muito gostoso e com lindo visual.

{DICA DE COZINHA}
Use e abuse do poder corante da cúrcuma, brinque com a cor de ingredientes e pratos de cor branca, mas cuidado para não exagerar no sabor.

QUANTIDADES
SUGERIDAS DE USO

salpique ⅛ de colher de chá em 6 ovos mexidos ou cozidos

salpique ¼ de colher de chá para 1 xícara de arroz cru ou 250 g de massa

⅛ de colher de chá a ¼ em ½ xícara de manteiga para frango e frutos do mar quando grelhados

¼ de colher de chá em 1 xícara de maionese ou molho para camarão ou outros frutos do mar

Ovo de acaçá
(4 porções)

Ingredientes
1 xícara de chá (240 ml) de leite de coco
1 ¼ de xícara de chá (300 ml) de leite integral
30 g de manteiga
6 colheres de sopa (50 g) de farinha de arroz
1 colher de chá rasa de cúrcuma
Sal a gosto

MODO DE PREPARO
Junte o leite de coco com metade do outro leite em uma panela. Leve ao fogo até ferver. Dissolva a farinha de arroz no restante do leite frio, passe por uma peneira e despeje na panela. Mexa bem até formar um creme grosso, junte ⅔ da manteiga e misture. Derreta o restante da manteiga em outra panela, adicione a cúrcuma e aqueça. Junte ⅓ do acaçá e misture bem até a cor ficar homogênea. Coloque no prato colheradas do acaçá branco, espalhe um pouco com as costas da colher, dando um formato circular. Coloque no centro um pouco do acaçá amarelo dando o formato de uma gema. Sirva como guarnição de grelhados em geral.

CURRY FOLHAS

(MURRAYA KOENIGII, CHALCAS KOENIGII) FRANCÊS: FEUILLE DE CARI * ALEMÃO: CURRYBLÄTTER * ESPANHOL: HOJA DE CURRY * ITALIANO: FOGLIA DI CURRY * INGLÊS: CURRY LEAF

As folhas de *curry* são colhidas de uma árvore originária do Sri Lanka e da Índia, onde é muito popular e facilmente encontrada crescendo selvagens e em jardins domésticos. Nesta parte da Ásia, a folha de *curry* é ingrediente de várias preparações medicinais com diferentes aplicações, desde promover o clareamento e limpeza da pele em cremes ou pastas, até auxiliar na digestão e promover a saúde do intestino, podendo ser mastigada cruas ou ingerida por infusão.

As folhas podem ser utilizadas frescas ou secas no cozimentos das receitas. São em geral tostadas no azeite antes dos outros ingredientes para que soltem seu aroma e sabor característicos. No fim podem ser retiradas ou não, mas por serem muito fibrosas, são de difícil mastigação.

À primeira vista, podemos confundir as folhas de *curry* com as de louro. Ambas são longas e pontudas, mas o sabor e o aroma não poderiam ser mais diferentes. O mesmo se dá entre as folhas e o *curry* em pó, que é uma mistura de várias especiarias, além da folha propriamente dita.

As folhas de *curry* têm um sabor cítrico muito delicado e difícil de ser reproduzido. Podem ser usadas na preparação de muitas sopas, ensopados, *chutneys*, *curries* indianos, e até mesmo em picles e marinados de frutos do mar.

Outras sugestões de uso:
Combina bem com pratos vegetarianos, peixes, carnes e lacticínios; realça o paladar de quiabos, tomates, berinjelas, lentilhas etc.

{DICAS DE COZINHA}
Misture o pó de folhas de *curry* com azeite e use para besuntar legumes, peixes e carnes brancas grelhados.

QUANTIDADES SUGERIDAS DE USO

10 folhas no cozimento de carne vermelha

6 folhas para o cozimento de vegetais

Creme de iogurte, melancia e folhas de curry
(4 porções)

Ingredientes

400 g de iogurte natural
200 g de polpa vermelha de melancia em cubinhos (sem sementes)
500 g da polpa branca de melancia
1 dente de alho triturado
2 colheres de chá de pó de folhas de curry
1 colher de café de pimenta-do-reino branca em pó
3 colheres de sopa de azeite de oliva
Sal a gosto

MODO DE PREPARO

Coloque o iogurte em um coador de café de papel por cerca de 1 hora para escorrer o excesso de soro. Ponha os cubinhos de polpa vermelha de melancia em uma peneira e salpique com sal. Deixe escorrer por cerca de 1 hora.
Rale em ralo grosso a polpa branca da melancia, salpique com sal e deixe escorrer em uma peneira. Junte ao iogurte escorrido o azeite, o pó das folhas de curry e a pimenta-do-reino. Misture bem. Esprema a polpa de melancia ralada e junte ao creme; misture.
Depois, junte a metade dos cubinhos da polpa vermelha e misture novamente. Tempere com o sal. Coloque o creme em uma vasilha de vidro e espalhe por cima o restante dos cubinhos, regue com mais um pouco de azeite e deixe gelar bem antes de servir. Sirva com torradas de pão pitta ou como guarnição de filé de frango ou peixe grelhado.

ENDRO

(ANETHUM GRAVEOLENS) **FRANCÊS: ANETH * INGLÊS E ALEMÃO: DILL * ESPANHOL: ENELDO * ITALIANO: ANETO**

Nativa do sul da Rússia, oeste da Ásia e leste do Mediterrâneo, esta erva é muito apreciada tanto por suas folhas quanto pelas sementes. Considerada afrodisíaca pelos egípcios, na Grécia era símbolo de riqueza; soldados romanos usavam suas sementes torradas para curar feridas. Um xarope dessas sementes é um ótimo digestivo e é um popular remédio para aliviar a cólica de bebês.

Planta aromática da família da salsa, o aroma intenso da erva fresca, combinado com um sabor delicado e adocicado, lembra o da erva-doce, com quem, por vezes, é confundida. No Brasil, o endro também é chamado de aneto ou *dill*. Oferece várias possibilidades culinárias, tanto com as folhas quanto com as sementes e é comum ser usado com vegetais, carnes, peixes e frutos do mar.

Fresco, é fundamental no preparo do *gravlax* (salmão curado com sal e açúcar), tradicional prato da culinária escandinava. Mas é também ótimo para marinar salmão fresco com alho e gengibre e vai bem em cremes com queijo, omelete, molhos à base de mostarda e saladas de batata. É bastante comum seu uso para aromatizar vinagres.

Durante o cozimento, o endro fresco perde um pouco do sabor, por isso é aconselhável adicioná-lo no fim do cozimento. É possível encontrar folhas liofilizadas com qualidade idênticos à das folhas frescas, com a vantagem de serem estocadas em casa.

Suas sementes têm aroma bem diferente das folhas frescas, mais forte e amargo em razão da presença do carvona, mesmo óleo essencial da alcarávia. Por isso mesmo, são mais usadas para aromatizar um grande número de pratos da cozinha internacional, dando um toque especial às sopas, picles (principalmente de pepinos), pães, peixes, carnes guisadas e raízes cozidas.

Outras sugestões de uso:
Molho de iogurte para temperar saladas de beterraba ou vagem; misturar ao molho bechamel para gratinar couve-flor.

{DICA DE COZINHA}
O chá de folhas de endro serve para combater a insônia.

QUANTIDADES SUGERIDAS DE USO

SEMENTES
½ colher de chá para ½ kg de carne vermelha

⅛ de colher de chá em 2 xícaras de vegetais verdes

FOLHAS
¼ de colher de chá para 1 xícara de molho branco

¼ de colher de chá para ½ kg de frango

Filé de peixe ao papillote com endro
(4 porções)

Ingredientes
4 filés de tilápia
1 colher de sopa de sementes de endro
4 tomates sem pele e sem sementes picadinhos
1 cebola roxa média picadinha
4 colheres de sopa de azeite de oliva extravirgem
½ copo americano (100 ml) de vinho branco seco
200 g de palmito fresco em rodelas bem finas
2 colheres de sopa de salsinha picadinha
Sal e pimenta-do-reino a gosto

MODO DE PREPARO
Aqueça um pouco o azeite e junte as sementes de endro, mexa por 1 minuto e junte a cebola; refogue até a cebola ficar transparente. Adicione os tomates, mexa e deixe cozinhar por 5 minutos. Acrescente o vinho branco, a salsinha e cozinhe até o vinho evaporar. Tempere com um pouco de sal e pimenta-do--reino. Reserve e deixe esfriar um pouco. Tempere os filés com sal e pimenta-do-reino. Faça 4 retângulos de papel alumínio dobrado com cerca de 30 cm x 30 cm; junte o centro com um pouco de azeite. Distribua as rodelas de palmito no centro como se fossem camas para os filés. Salpique com sal e pimenta-do-reino. Coloque um pouco do molho e por cima disponha os filés, dobre as pontas do papel e coloque o restante do molho por cima dos filés. Feche os *papillotes* e leve ao forno a 200°C por cerca de 15 minutos.

ERVA-DE-SANTA-MARIA

(CHENOPODIUM AMBROSIOIDES) FRANCÊS, ESPANHOL E INGLÊS: EPAZOTE * ALEMÃO: MEXICANISCHER * ITALIANO: FARINELLO AROMÁTICO

Nativa do centro-sul do México, essa erva era um ingrediente essencial na culinária Maia em Yucatán, e foi levada para a Europa por padres jesuítas no século 17. Atualmente, é cultivada no sul do México, nos países andinos e nas ilhas caribenhas.

Seu uso terapêutico popular se dá sob a forma de um chá muito utilizado para combater vermes e espantar insetos. E existe na indústria uma série de produtos para higiene de animais domésticos que usam como matéria-prima a erva-de-santa-maria. No Brasil, pode ter dezenas de nomes diferentes – no Nordeste, por exemplo, é conhecida por mastruz que, misturada ao leite, é tida como poderoso vermífugo. Tem muitas aplicações medicinais, mas em altas dosagens pode ser tóxica.

Seu cheiro lembra o da hortelã, ou frutas cítricas, mas por ser muito forte, nem sempre é apreciado. De sabor pungente e refrescante, é muito usada com feijão e outras leguminosas, pois ajuda a controlar os gases. Mas vai bem com carne de porco, peixe, milho, abóbora e qualquer tipo de legume.

É fundamental na cozinha da península de Yucatán e sua variedade de folhas pequenas, conhecida, no Peru, como *huacatay*, é muito utilizada nos *ceviches*.

Outras sugestões de uso:
Usar picadinha no molho à campanha; ou refogada, para temperar recheios de quiche.

{DICA DE COZINHA}
Cozinhar com bananas e açúcar para fazer uma geleia deliciosa e medicinal.

QUANTIDADES SUGERIDAS DE USO

1 colher de sopa em ½ kg de carne vermelha ou frango

2 colheres de sopa no cozimento de ½ kg de vegetais

Feijoada marinha com erva-de-santa-maria
(4 porções)

Ingredientes
200 g de feijão-branco lavado e escorrido
8 camarões grandes com casca
½ kg de polvo congelado
½ kg de lulas em anéis
100 g de bacon em tirinhas
2 tomates sem pele ou semente picadinhos
1 cebola média picadinha
1 cenoura média em cubinhos
1 dente de alho picadinho
1 colher de sopa de erva-de-santa-maria seca
4 colheres de sopa de azeite extravirgem
Sal e pimenta-do-reino a gosto

MODO DE PREPARO
Leve o feijão ao fogo com ½ litro de água, assim que ferver. Desligue o fogo e deixe a panela tampada. Limpe os camarões e reserve as cascas e as cabeças. Pique os camarões em 3 partes e reserve. Descongele o polvo e pique em rodelas de 1 cm de espessura. Aqueça metade do azeite e refogue as cascas e as cabeças de camarão até que elas fiquem avermelhadas, junte 1 litro de água e cozinhe em fogo brando por uns 20 minutos. Bata no liquidificador e peneire. Reserve o caldo e dispense as cascas.
Torne a levar o caldo ao fogo e cozinhe os camarões por 2 minutos, esfrie-os em água gelada, escorra e reserve. Cozinhe os anéis de lula por 1 minuto no caldo fervente, coloque em água gelada, escorra e reserve. Junte o polvo ao caldo, coloque a erva-de-santa-maria e acrescente o feijão reservado. Cozinhe até ficarem macios. Aqueça o restante do azeite em uma panela, refogue o bacon até começar a dourar, junte o alho, a cebola e a cenoura, refogue mais um pouco e colocar os tomates. Adicione o caldo do cozimento, o polvo, a erva-de-santa-maria e o feijão reservado. Cozinhe em fogo brando até o feijão e o polvo ficarem macios e o caldo grosso. Junte ao feijão os camarões e as lulas, tempere com sal e pimenta-do-reino e sirva.

ERVA-DOCE

(PIMPINELLA ANISUM) FRANCÊS * ALEMÃO * ESPANHOL: ANIS * ITALIANO: ANICE * INGLÊS: ANISE

Nativa do Oriente Médio, é uma das especiarias mais antigas e parente botânica do endro, do funcho, do *kümmel* e do cominho. Na Europa, a erva-doce, ou anis, é muito usada para aromatizar bebidas alcoólicas. Na França, o termo *pastis* serve para designar as muitas marcas de bebidas aromatizadas com ela, muito populares nos cafés do sul do país. Na Grécia, o *ouzo* é um aperitivo tradicional, e o *arack* é a bebida dos países mediterrâneos orientais, ambos à base de erva-doce.

As folhas da planta guardam semelhança com as do funcho, mas com elas não devem ser confundidas. Por ter o sabor forte, marcante e odor penetrante, as sementes da erva-doce são muito utilizadas também na confeitaria. Têm inúmeras propriedades terapêuticas como antisséptico, contra a constipação, problemas respiratórios, entre outras. Para ajudar na digestão e combater o mau hálito, pode-se mastigar os grãos depois das refeições.

No Brasil, o chá de erva-doce é muito popular e a semente apreciada na confecção de doces, bolos, biscoitos, pães e misturas doces, como com figos e castanhas. Vai muito bem em molhos à base de tomate, vegetais, sopas de peixe, lagosta e mariscos.

Outras sugestões de uso:
O azeite de erva-doce é bom para temperar saladas cruas de cenoura, repolho etc.; o xarope de erva-doce serve para temperar saladas de frutas.

{DICA DE COZINHA}
Aqueça sementes de erva-doce em azeite ou calda de açúcar.

QUANTIDADES SUGERIDAS DE USO

½ a 1 colher de chá para 6 maçãs cozidas ou assadas

¼ a ½ colher de chá em 2 colheres de sopa de manteiga para untar ½ kg de peixe

Bolo de fubá de canjica, queijo minas, erva-doce e goiabada

Ingredientes
1 e ¾ de xícara (200 g) de fubá de canjica
3 copos americanos (600 ml) de leite
¼ de xícara de chá (150 g) de açúcar refinado
2 paus de canela
150 g de queijo minas fresco em cubinhos
150 g de goiabada picada em cubinhos
¼ de tablete (50 g) de manteiga derretida
1 pote de iogurte natural (cerca de 150 g)
4 ovos inteiros
1 colher de café de erva-doce
1 colher de chá de fermento químico
1 pitada de sal

MODO DE PREPARO
Peneire o fubá 3 vezes e misture com a metade do leite frio, o açúcar e o sal. Misture bem para dissolver todo o fubá. Coloque as sementes de erva-doce e os paus de canela em uma panela de fundo grosso, leve ao fogo baixo para aquecer até liberar os aromas, junte o restante do leite e deixe abrir fervura. Adicione o fubá dissolvido e mexa vigorosamente para não formar grumos. Cozinhe por cerca de 30 minutos até ficar um angu. Retire do fogo, descarte os paus de canela e bata em uma batedeira em velocidade baixa até esfriar. Junte os ovos um a um batendo sempre a cada adição, junte o iogurte, a manteiga e finalmente o fermento em pó. Unte uma fôrma do tipo bolo inglês com manteiga e polvilhe com fubá. Coloque um terço da massa e espalhe a metade dos pedacinhos de queijo e de goiabada. Cubra com mais ⅓ da massa e repita o processo. Finalize com o restante da massa e leve ao forno a 200°C por cerca de 45 minutos a 1 hora, ou até que um palito espetado no centro do bolo saia limpo. Deve estar com uma crosta bem douradinha. Deixe esfriar um pouco para desenformar, polvilhe com açúcar de confeiteiro para decorar.

ESTRAGÃO

(ARTEMISIA DRACUNCULUS) **FRANCÊS E ALEMÃO:** ESTRAGON * **ESPANHOL:** ESTRAGÓN * **ITALIANO:** DRAGONCELLO * **INGLÊS:** TARRAGON

Nativo do hemisfério Norte, é cultivado na Ásia Central, no sul da Europa, em especial na França, e nas zonas temperadas dos Estados Unidos. Os antigos botânicos acreditavam que a planta oferecia a cura contra o veneno de certos animais, em razão do formato de serpente de sua raiz, daí seu nome que deriva do grego *drakon* (dragão), em árabe *tarkhum* e latim *dracunculus*, todos significando pequeno dragão.

É difícil conseguirmos boas sementes de estragão-francês, o "estragão verdadeiro", sendo mais fácil multiplicá-lo pela divisão de mudas. As sementes encontradas em geral são de uma variedade inferior conhecida como estragão-russo, de folhas claras e mais picantes. O verdadeiro é uma das ervas mais aromáticas, com um odor doce e fresco que lembra o alcaçuz, e sabor picante; suas folhas verde-escuras podem ser utilizadas frescas, secas ou em conserva.

Erva fundamental da cozinha francesa, o estragão é que confere o sabor característico do molho *bearnaise* ou tártaro, e do *hollandaise*. Pode ser usado em maioneses, mostardas, picles, sopas, saladas e *casseroles*, marinados e cozidos de panela.

Vai muito bem com vitela, carneiro, pato, galinha, faisão, peixe, moluscos e omeletes. Excelente nas saladas verdes, o estragão é um dos ingredientes das *fines herbes*, servindo de base para molhos, sopas e bifes. É muito utilizado para aromatizar vinagres e mostardas.

Outras sugestões de uso:
Salada de batatas, molho de mostarda e mel.

{DICA DE COZINHA}
Faça uma manteiga de estragão para servir com grelhados.

QUANTIDADES SUGERIDAS DE USO

¼ a ½ colher de chá em 2 xícaras de espinafre

½ a 1 colher de chá em ½ xícara de manteiga para moluscos *sauté*

¼ a ½ colher de sopa para 1 kg de vitela

1 e ½ colher de chá em receita de molho *bearnaise*

Tranças de linguado ao molho de estragão e uvas
(4 porções)

Ingredientes
4 filés de linguado de cerca de 120 g cada
32 unidades de uvas thompson sem caroço
1 copo americano (200 ml) de vinho branco seco
3 colheres de chá (50 ml) de vinagre de vinho branco
1 copo americano (200 ml) de creme de leite fresco
4 colheres de sopa (60 g) de manteiga gelada em cubinhos
1 cebola média picadinha
1 colher de sopa de estragão seco
1 colher de sobremesa de estragão fresco picadinho
20 grãos de pimenta-do-reino
2 colheres de sopa de óleo de coco
1 colher de sopa de farinha de trigo
Sal a gosto

MODO DE PREPARO
Coloque em uma panela de inox, o vinho, o vinagre, a pimenta-do-reino, o estragão seco e a cebola. Leve ao fogo e deixe ferver até praticamente secar todo o líquido – mas cuide para a redução não ganhar cor. Adicione o creme de leite e deixe ferver até reduzir em ⅓; passe por uma peneira fina e torne a levar para a panela. Deixe ferver em fogo muito baixo enquanto prepara o peixe. Faça pequenos cortes nas cascas das uvas, coloque-as em água fervente por 30 segundos e passe por água fria. Escorra e retire as peles. Corte os filés de linguado em três tiras, começando na parte do rabo para a cabeça, mas sem destacá-las. Tempere com um pouco de sal e trance as tiras. Polvilhe com farinha de trigo. Dobre as pontinhas das tranças para que fiquem uniformes. Aqueça o óleo de coco em uma frigideira e grelhe as tranças dos dois lados, tomando cuidado para que elas não percam o formato. Retire da frigideira e reserve em local aquecido. Monte o molho colocando os pedacinhos de manteiga no molho quente; batendo com um *fouet*, adicione o estragão picadinho e as uvas. Tempere com sal. Monte o prato de maneira decorativa usando arroz com amêndoas ou purê de batatas como guarnição.

FAGARA

(ZANTHOXYLUM PIPERITUM) FRANCÊS: POIVRE ANISE * ALEMÃO: ANISPFEFFER * ESPANHOL: PIMIENTA DE ANIS * ITALIANO: PEPE D'ANIS * INGLÊS: PEPPER SICHUAN

A fagara tem sua origem no norte da China e é muito presente na culinária deste país, sendo pouco conhecida nas Américas e na África e, portanto, pouco utilizada na culinária. Também chamada de pimenta-*szechuan*, ela não é da família das pimentas, mas o fruto de uma árvore espinhosa. Antes da introdução das pimentas na Ásia, no século 15, a fagara era utilizada com o gengibre para tornar os pratos quentes e picantes. As bagas se abrem como no anis-estrelado, e por isso é também conhecida como pimenta-anis.

É bastante aromática, lembrando a lavanda, de sabor ácido, mas não muito picante, e tem a propriedade de anestesiar a boca quando mastigada. Com o anis-estrelado, o cravo-da-índia, o funcho e a canela, completa o famoso tempero 'cinco especiarias chinesas'. No Japão, seu pó é um dos ingredientes do *shichimi-togarashi* e suas folhas secas e moídas são outra especiaria chamada *sancho*.

Para serem usadas, as bagas devem ser torradas e depois moídas e dos dois modos são muito utilizadas nas receitas de frango, porco e pato. Precisa ser armazenada bem tampada e em local escuro, pois por ser bastante volátil, ela perde sua pungência com facilidade.

Outras sugestões de uso:
Recheio de carne para raviólis e para temperar *chutneys*.

{DICAS DE COZINHA}
Torre fagara e sal em uma frigideira e use como condimento à mesa.

QUANTIDADES
SUGERIDAS DE USO

2 colheres de sopa para ½ kg de carne vermelha

1 colher de sopa no cozimento de ½ kg de vegetais

Bolinho de porco com camarão com fagara
(4 porções)

Ingredientes
200 g de carne de porco magra moída gelada
200 g de camarão miúdo descascado gelado
100 g de vagem macarrão
1 colher de chá de gengibre picadinho
1 dente de alho picadinho
2 colheres de sopa de folhas de coentro
1 colher de chá de semente de fagara
1 clara de ovo
Sal a gosto
Óleo para fritar o quanto baste

MODO DE PREPARO
Pique a vagem em anéis muito finos e reserve. Aqueça a fagara em uma frigideira para realçar os aromas. Coloque a carne de porco, os camarões, o gengibre, o alho e a clara de ovo em um processador de alimentos; bata ligando e desligando até formar uma massa não muito lisa. Passe a massa para uma tigela e junte os demais ingredientes, misture bem. Aqueça o óleo em uma frigideira ou panela; com uma colher de sobremesa coloque montinhos da massa no óleo quente, e frite até ficar bem dourado, mais úmido e macio no centro. Sirva como salgadinho com molho agridoce.

FENO-GREGO

(TRIGONELLA FOENUM-GRAECUM) **FRANCÊS: FENUGREC * ALEMÃO: BOCKSHOMKLEE * ESPANHOL: FENOGREGO * ITALIANO: FIENO GRECO * INGLÊS: FENUGREEK**

O feno-grego é nativo da Índia, mas tem sido cultivado nas regiões mediterrâneas há milhares de anos. A semente de feno-grego era uma das ervas usadas pelos egípcios para embalsamar os mortos. Os gregos e romanos alimentavam o gado com a planta, daí o nome *foenum graecum*.

Toda a planta possui um forte aroma e as pequenas sementes amareladas têm um gosto ligeiramente amargo, como o do aipo ou do xarope de *maple*. As sementes são ingrediente fundamental do *curry* indiano e muito usadas para aromatizar pratos vegetarianos.

Estão também presentes em várias receitas do norte da África, como nos pães egípcios e etíopes. As sementes ainda podem ser preparadas como lentilhas, torradas para substituir o café e, quando germinadas, dão um interessante toque amargo às saladas verdes. Suas folhas são menos usadas mas podem ser misturadas com saladas, cruas ou cozidas como verdura.

Industrialmente, são usadas para dar sabor aos xaropes de *maple* artificiais, balas, bolos, sorvetes, chicletes e refrigerantes. Em razão do teor de sotolon nas suas sementes, o feno-grego é usado para transmitir de maneira fraudulenta sabores amadeirados a vinhos e acetos balsâmicos artificialmente envelhecidos.

Outras sugestões de uso:
Para aromatizar pães e o famoso *mango chutney*.

{DICA DE COZINHA}
Torre as sementes antes de usar para suavizar seu gosto amargo e liberar todo seu aroma.

QUANTIDADES SUGERIDAS DE USO

½ colher de chá de sementes para 1 ½ kg de peixe

½ colher de sopa no cozimento de ½ kg de carne branca

Xarope de balsâmico, rapadura e feno-grego
(rendimento: 200 ml)

Ingredientes
2 xícaras de chá (500 ml) de aceto balsâmico
5 colheres de sopa (60 g) açúcar mascavo
1 colher de sopa de semente de feno-grego

MODO DE PREPARO
Leve ao fogo baixo uma panela pequena com as sementes de feno-grego e deixe aquecer, junte o açúcar e deixe derreter. Adicione o aceto balsâmico, deixe ferver e misture para dissolver o caramelo. Continue fervendo em fogo baixo até a mistura reduzir a um pouco mais da metade do volume inicial. Deixe esfriar e coe. Use para realçar o paladar de queijos duros, frutas frescas e até sorvetes.

GALANGA

(ALPINIA, KEMPFERIA GALANGA)

FRANCÊS E INGLÊS: GALANGAL * ALEMÃO, ESPANHOL E ITALIANO: GALANGA

Existem dois tipos distintos de galanga. A galanga grande, mais conhecida no Ocidente, é nativa da ilha de Java, picante e clara por dentro como o gengibre, de quem é aparentada. A pequena é originária do sul da China, de interior mais avermelhado e mais saborosa, muito presente nas cozinhas da Indonésia, Malásia e Tailândia.

Rica fonte de ferro, sódio e vitaminas, este rizoma é conhecido por ter várias aplicações terapêuticas, sendo largamente utilizado na homeopatia. Diz-se que mascar um pedaço de galanga combate a náusea e auxilia nos males do intestino.

Por seu sabor levemente picante, a galanga é muito usada nas sopas tailandesas, pastas de *curry* e pratos salteados nas panelas *wok* tipicamente asiáticos. Pode ser usado fresco ou em pó.

Outras sugestões de uso:
Para dar um toque picante em pratos de peixes e frutos do mar e para realçar saladas ou compotas de frutas.

{DICA DE COZINHA}
Não estoque a galanga em pó por muito tempo, pois ela perde seus aromas com facilidade, procure mantê-la em vasilha bem tampada.

QUANTIDADES
SUGERIDAS DE USO

1 colher de sopa em 1 litro de sopas tailandesas

½ colher de sopa para marinar ½ kg de peixe

Arroz de camarão e galanga
(4 porções)

Ingredientes
200 g de arroz parboilizado
1 kg de camarões médios limpos
2 xícaras de chá (½ litro) de caldo feito com as cascas e as cabeças dos camarões
1 copo americano (200 ml) de leite de coco
2 colheres de sopa de coco fresco, ralado grosso
1 colher de sobremesa de galanga em pó
½ cebola picadinha
2 tomates sem peles ou sementes picadinhos
1 pimenta dedo-de-moça picadinha
1 colher de sopa de coentro fresco picadinho
1 colher de sopa de salsinha fresca picadinha
3 colheres de sopa de óleo de coco ou azeite
Sal a gosto

MODO DE PREPARO
Aqueça o caldo até ferver, cozinhe os camarões aos poucos durante 1 minuto, esfrie em água gelada e escorra. Mantenha refrigerados.
Leve ao fogo uma panela de fundo grosso com o azeite e a cebola. Refogue por alguns minutos até a cebola ficar macia e transparente; adicione o arroz, refogue por uns 2 minutos, adicione o caldo de camarão e o sal. Cozinhe até o arroz ficar solto e macio. Coloque um pouco de azeite em uma panela e aqueça. Junte a pimenta dedo-de-moça e o galanga, mexa e adicione os tomates. Refogue por uns 5 minutos e acrescente o leite de coco; deixe ferver até reduzir à metade. Adicione os camarões reservados e o arroz, misture bem, acrescente as ervas frescas e tempere com sal. Sirva com o coco ralado salpicado por cima.

GENGIBRE

(ZINGIBER OFFICINALE) FRANCÊS: GINGEMBRE * ALEMÃO: INGWER * ESPANHOL: JENGIBRE * ITALIANO: ZENZERO * INGLÊS: GINGER

Nativo do sudeste da Ásia, é um tempero muito antigo, tendo sido mencionado nas escrituras do filósofo Confúcio por volta de 500 a.C. Foi uma das primeiras especiarias orientais conhecidas na Europa e seu cultivo se espalhou rapidamente nas regiões de clima tropical.

O gengibre é uma raiz que "viaja bem", se mantendo fresca por um longo período. Dessa forma, em pouco tempo já era cultivada nas Américas e no Caribe, mais especificamente na Jamaica, para onde foram levadas pelos espanhóis. Acredita-se que seu nome venha de *singabera*, que significa "que tem forma de chifre" em sânscrito.

A raiz do gengibre pode ser consumida fresca, seca ou moída, e seu sabor picante aumenta a pungência dos pratos.

Quando fresca, deve ser firme e pouco fibrosa, e o sabor, embora picante, é um pouco mais suave que o do gengibre seco. O gengibre inteiro é usado em picles, caldas, bebidas, marinados, molho *teriyaki*, conservas, chás, cerveja e sucos de frutas.

A pasta da raiz é base de vários *curries* e ingrediente muito usado nos *chutneys*. Em pó, vai bem também em biscoitos e pudins. É apreciado no preparo de carnes e peixes, sobretudo na culinária asiática.

O chá de gengibre é muito popular e traz inúmeros benefícios à saúde, agindo sobre o sistema digestivo, aliviando gases e facilitando a digestão, além de ser um potente anti-inflamatório. É largamente utilizado como erva medicinal há milhares de anos, pelas tradicionais medicinas chinesa e *ayurvédica*.

Seu uso no Brasil é comum e indispensável no quentão, bebida quente feita de cachaça, típica das festas juninas.

Outras sugestões de uso:
Gengibre em compota ou cristalizado; agridoce: cozido com açúcar e vinagre.

{DICA DE COZINHA}
Suco de gengibre adicionado ao creme *chantilly* faz uma deliciosa guarnição para tortas e frutas frescas.

QUANTIDADES SUGERIDAS DE USO

½ a 2 colheres de chá para 700 g de porco

1 a 1 ½ colher de chá em receita de bolacha

*Purê de banana-da-terra,
gengibre e aroma de limão-siciliano*
(4 porções)

Ingredientes
4 bananas-da-terra grandes maduras
2 colheres de sopa de manteiga
1 limão-siciliano
1 copo americano (200 ml) de leite fervente
1 colher de sopa rasa de gengibre em pó
Sal a gosto

MODO DE PREPARO
Cozinhe as bananas com casca até ficarem macias, escorra, esfrie, descasque e passe pelo espremedor de batatas. Aqueça a manteiga em uma panela, adicione o gengibre em pó e deixe aquecer, junte as bananas amassadas e mexa bem, acrescentando o leite fervente aos poucos, batendo sempre depois de cada adição. Lave bem o limão e, com um ralador fino, rale um pouco da casca amarela sobre o purê. Tempere com o sal. Sirva com guarnição de carnes ou legumes grelhados.

GERGELIM

(SESAMUM INDICUM) FRANCÊS: SÉSAME * ALEMÃO: SESAM * ESPANHOL: SÉSAMO * ITALIANO: SESAMO * INGLÊS: SESAME

Há cinco mil anos, o gergelim já era utilizado pelos chineses, mas sua origem é discutida, podendo ter chegado à China vindo da Índia ou da África. O certo é que já era produzido comercialmente pelos egípcios. O papiro de Ebers (um tratado sobre ervas antigas e temperos, escrito em 1500 a.C., que foi descoberto pelo egiptólogo alemão Ebers) já registra o nome *sesemt*.

O gergelim chegou ao Brasil pelas mãos dos portugueses no século 16 e era plantado em pequenas áreas para consumo próprio nas fazendas, mas pouco comercializado. Hoje, é cultivado em vários países e o Sudão, a Nigéria e a Índia são os principais exportadores.

O principal produto da planta são as pequenas sementes e há muitas variedades (branca, castanha e preta). Como saem das cápsulas quando amadurecem, tendem a se dispersar, por isso são colhidas ainda verdes e dentro das cápsulas.

A semente, embora pequena, é muito rica, contendo 50% de óleo, e seu uso vai da culinária à medicina, à indústria farmacêutica e de cosméticos. Seu óleo puro tem sabor e aroma quase imperceptíveis, sendo muito comum na culinária chinesa. No Ocidente, é ingrediente fundamental para a produção de margarina.

São muito nutritivas e, na culinária, podem ser usadas como tempero cru ou tostadas.

A farinha de gergelim é usada como massa para biscoitos, bolos, pães e pastas. Mas talvez o uso mais popular seja o da pasta feita com a farinha dos grãos mais claros que, depois de tostada, é amassada até virar uma espécie de manteiga conhecida como *tahine*, muito usada pelos povos árabes. Hoje, o *tahine* se popularizou de tal modo que é frequentemente adicionado a molhos para acompanhar aperitivos e sanduíches e, ainda, pode ser utilizada para aromatizar pratos de vegetais e frutas.

O *hummus bi tahine* é uma pasta originária do Oriente Médio e tem como base o grão-de-bico; já o *tahine* de hoje é muito comum ser servido como aperitivo no mundo todo.

Outras sugestões de uso:
Para fazer crostas para peixe, peito de frango e queijos grelhados. Fica delicioso tostado e misturado com arroz branco e shoyu.

{DICA DE COZINHA}
A mistura dos gergelins branco e preto tem grande efeito decorativo.

QUANTIDADES SUGERIDAS DE USO

1 colher de sopa na manteiga derretida para ½ kg vegetais

⅓ de xícara de chá por kg de frango ou costeletas de porco

Damasco recheado com queijo e gergelim
(4 porções)

Ingredientes
12 unidades de damascos secos grandes e macios
1 xícara de chá (200 g) de queijo cremoso
1 xícara de chá (100 g) de queijo minas curado ou parmesão ralado
2 colheres de sopa de gergelim preto

MODO DE PREPARO
Corte os damascos ao meio no sentido do comprimento. Com cuidado, abra cada metade formando uma espécie de barquinho. Amasse bem os dois queijos e coloque-os em um saco de confeitar. Encha as metades de damasco com a pasta de queijo e ajeite para ficarem bem ajustados e em pé. Aqueça o gergelim em uma frigideira até começarem a saltar. Coloque o gergelim sobre a pasta de queijo de maneira decorativa. Sirva como canapé frio.

GRÃOS-DO-PARAÍSO

(AFRAMOMUM MELEGUETA) **FRANCÊS:** POIVRE DE GUINÉE * **ALEMÃO:** GUINEAPFEFFER * **ESPANHOL:** GRANOS DE PARAISO * **ITALIANO:** GRANI DI PARADISO * **INGLÊS:** GRAINS OF PARADISE

O grão-do-paraíso é originário da costa oeste da África. Batizado assim por comerciantes da Idade Média que, visando aumentar o preço da especiaria, espalhavam que as sementes nasciam no Éden e eram apanhadas boiando nos rios que vinham de lá.

Os grãos são as sementes picantes de uma planta chamada *aframomum melegueta*, por isso, é também chamada de pimenta-melegueta. Podemos encontrá-los como pimenta-da-guiné, país que é, ainda hoje, um de seus principais produtores.

Conhecidos e tradicionalmente utilizados como condimento no oeste e norte da África, são ainda pouco conhecidos no resto do mundo. Mas desde os séculos 14 e 15, são usados para substituir a pimenta-do-reino.

O sabor é uma mistura entre a pimenta, o gengibre e o cardamomo, com um toque cítrico e aroma quase floral. São mais suaves que a pimenta-do-reino e por serem simultaneamente picantes, quentes e refrescantes, combinam com quase qualquer coisa. São facilmente encontrados em receitas marroquinas e tunisianas e, como condimento em algumas bebidas, como a cerveja norte-americana Samuel Adams, e o famoso gin Bombay Saphire, que usa grãos-do-paraíso e mais nove ingredientes para cunhar seus aromas e sabores.

Outras sugestões de uso:
Torrados e moídos dão toques aromáticos ao cuscuz marroquino; para realçar o sabor de um purê de abóbora com leite de coco.

{DICA DE COZINHA}
Uma mistura de duas partes de gengibre em pó por uma de pimenta-do-reino moída serve para substituir os grãos-do-paraíso.

QUANTIDADE
SUGERIDAS DE USO

1 colher de sopa para 500 g de carne vermelha

¾ de colher de sopa para 500 g de carne branca

Peito de pato com grãos-do-paraíso
(4 porções)

Ingredientes

800 g de filés de peito de pato
4 colheres de sopa de geleia de jabuticaba
1 colher de sopa de grãos-do-paraíso
3 colheres de sopa (50 ml) de aceto balsâmico
1 colher de sopa de sagu
3 colheres de sopa (50 ml) de shoyu
1 xícara de chá (250 ml) de caldo de pato ou galinha
Sal a gosto

MODO DE PREPARO

Faça cortes quadriculados na parte da pele dos peitos, os cortes devem atingir apenas a camada de gordura. Reserve. Aqueça os grãos-do-paraíso e depois triture em um almofariz ou moinho elétrico. Lave o sagu e coloque-o para cozinhar no caldo fervente, abaixe o fogo e misture de tempos em tempos, até o caldo ficar mais consistente e as bolinhas de sagu ficarem transparentes. Coloque os peitos de pato com a parte da pele virada para baixo em uma frigideira grande e de fundo grosso. Leve ao fogo forte para que a frigideira vá aquecendo gradualmente e com isso grande parte da gordura dos peitos será fundida e servirá para grelhá-los. Vire os peitos assim que a pele estiver dourada e que bastante gordura líquida tenha sido liberada. Deixe grelhar só até dourar do outro lado, pois devem estar ainda crus por dentro. Retire do fogo e reserve os peitos. Descarte toda a gordura da frigideira e torne a levá-la ao fogo baixo. Adicione o balsâmico e o shoyu, raspe bem o fundo da frigideira e acrescente a metade da geleia. Dissolva e desligue o fogo. Tempere os peitos com sal e besunte-os com o restante da geleia. Salpique com os grãos-do-paraíso triturados, coloque-os em um tabuleiro untado, deixando a pele para cima e leve ao forno quente a 200°C, por cerca de 10 a 15 minutos, até aquecer bem as peças, mas as deixando malpassadas por dentro. Deixe os peitos resfriarem enquanto termina o molho. Reaqueça o molho na frigideira, junte um pouco do caldo com sagu e cozinhe até ajustar a consistência do molho. Corrija o tempero com sal. Fatie os peitos e coloque-os nos pratos, regue com um pouco do molho e sirva com o ovo de acaçá da página 63.

HORTELÃ

(MENTA SPICATA) **FRANCÊS:** BAUME VERT * **ALEMÃO:** GRÜNE MINZE * **ESPANHOL:** MENTA VERDE * **ITALIANO:** MENTASTRO VERDE * **INGLÊS:** SPEARMINT

A família da hortelã é composta de enorme variedade.

A hortelã comum é originária do Mediterrâneo, se espalhou por toda a Europa e há muito é cultivada em todo o mundo. Em razão das essências aromáticas que possui, é a mais suave das espécies e, por isso mesmo, é também a mais apreciada pelos cozinheiros. É utilizada até mesmo como planta ornamental.

De todas as espécies de hortelã, esta é a que possui menor concentração do óleo essencial mentol, razão pela qual é a mais versátil para o uso culinário. Além do aroma fresco e suave, possui vitaminas e antioxidantes, fazendo muito bem à saúde de quem a consome. É muito utilizada na composição de cremes dentais e cremes para irritações da pele, pois possui propriedades anestésicas leves. Seu chá é antiespasmódico, ajudando na digestão, e é ainda muito utilizado na aromaterapia, quando misturado a óleos de massagem.

É utilizada como tempero na culinária, como aromatizante e refrescante em sucos, sorvetes. Condimenta doces, legumes, carnes, licores e faz ótimos molhos para saladas cruas. Na culinária libanesa, é fundamental na carne de carneiro. Na Índia, é ingrediente da tradicional *raita*, molho que leva pepino, hortelã e iogurte.

Para a secagem das folhas, elas são espalhadas sobre plástico e secas à sombra, devendo ser conservadas longe da luz do sol para não perderem sua cor e aroma rapidamente. Em geral, quando encontramos hortelã seca no mercado, trata-se de uma variedade mais forte.

Outras sugestões de uso:
É deliciosa para aromatizar um risoto vegetariano de ervilhas frescas; ou para dar um sabor refrescante em purês de legumes.

{DICA DE COZINHA}
Besuntada com claras de ovos e polvilhada com açúcar de confeiteiro, torna-se uma linda decoração para sobremesas.

QUANTIDADES SUGERIDAS DE USO

10 folhas moídas em ½ kg de carne moída

30 folhas em 300 ml de água para chá

Sopa Bloody Mary
(4 porções)

Ingredientes

1 kg de tomates bem maduros
1 cebola média picadinha
½ xícara de chá (50 g) de aipo picadinho
3 colheres de sopa de azeite
3 colheres de sopa de purê de tomate
1 litro de caldo de galinha
1 copo grande (300 ml) de suco de laranja espremido na hora
1 colher de sopa de raspas de laranja
1 xícara de chá de arroz cozido
2 colheres de sopa de hortelã picadinho
1 dose (50 ml) de vodca
1 colher de café de molho de pimenta
1 colher de chá de molho inglês
1 ramo de folhas de hortelã para decorar
Sal e pimenta-do-reino a gosto

MODO DE PREPARO

Retire as peles dos tomates, mergulhando-os em água fervente por 30 segundos. Parta-os ao meio e retire os miolos; coloque os miolos no liquidificador e bata com um pouco do caldo, passe por uma peneira e reserve o caldo obtido. Pique as polpas dos tomates bem miúdas e separe em duas porções iguais. Aqueça o azeite em uma panela de fundo grosso. Junte a cebola e o aipo e refogue em fogo baixo até ficarem transparentes. Agregue a metade dos tomates picadinhos, o caldo das polpas e o purê de tomate. Refogue mais um pouco. Depois, junte o caldo de galinha, o suco de laranja e o arroz. Cozinhe em fogo brando por cerca de 30 minutos. Bata a sopa com um mixer ou no liquidificador até ficar bem homogênea. Leve novamente ao fogo, junte o restante do tomate picadinho e as raspas de laranja e cozinhe por mais uns cinco minutos. Apague o fogo e adicione a vodca, o molho de pimenta e o molho inglês. Acerte o tempero com sal e, se necessário for, afine um pouco a sopa usando mais um pouco do caldo. Coloque a sopa em uma tigela de inox e leve ao freezer, quando a sopa nas bordas da tigela começar a congelar, retire do congelado e bata com um *fouet* até dissolver os cristais congelados. Sirva em copos de long drink com canudinho e enfeitada com galhinhos de hortelã.

LIMÃO KAFFIR

(CITRUS HYSTRIX) FRANCÊS: LIMETTIER HÉRISSÉ * ALEMÃO: KAFFERNLIMETTE * ESPANHOL: LIMA KAFFIR * ITALIANO E INGLÊS: KAFFIR LIME

Limão kaffir é o fruto verde-escuro e enrugado de uma árvore de folhas duplas que, como outros frutos cítricos, são nativos do sudoeste da Ásia e foram introduzidos na Europa na Idade Média pelos invasores turcos e marroquinos.

O suco do fruto é muito usado na medicina tradicional da Indonésia e seu óleo é um forte inseticida.

Mas são as folhas dessa árvore que são extremamente aromáticas e, quando cortadas, exalam um odor que é a mistura de laranja e limão. É um ingrediente importante na culinária da Tailândia, Camboja e do Laos. De um verde intenso, as folhas são compridas e possuem duas partes como se fossem duplas.

Apenas as folhas frescas podem ser adicionadas a saladas, pois quando secas ficam muito fibrosas e de difícil mastigação. Também quando cozidas precisam ser separadas ao servir os pratos.

Muito usadas em *curries* e sopas tailandesas, cozidas com arroz ou leite de coco, dão um delicioso perfume a qualquer prato. Vai bem com peixe e carnes vermelhas. Com capim-limão e gengibre forma um *bouquet garni* asiático muito interessante.

Outras sugestões de uso:
Fica delicioso quando adicionado a uma moqueca de peixe ou frutos do mar; cortada em finíssimas tiras, dá aromas cítricos em saladas adocicadas, por exemplo, no salpicão.

{DICA DE COZINHA}
Na falta do limão kaffir, use folhas novas e tenras de tangerina ou limão-doce.

QUANTIDADES SUGERIDAS DE USO

3 a 4 folhas para cozinhar 500 g de carne vermelha

2 folhas picadas em 1 kg de saladas de vegetais

2 folhas no cozimento de ½ kg de batatas

Camarão com mogango e limão kaffir
(4 porções)

Ingredientes

800 g de camarões médios frescos com casca
600 g de mogango (variedade de abóbora)
1 copo americano (200 ml) de leite de coco
1 litro de água
1 cebola roxa grande em tirinhas
1 pimenta dedo-de-moça picadinha
20 unidades de pimenta-de-biquinho em conserva
1 colher de sopa de gengibre picadinho
3 colheres de sopa de óleo de coco ou azeite
1 dente de alho picadinho
4 folhas de limão kaffir
2 colheres de sopa de cebolinha (parte branca e verde)
Sal a gosto

MODO DE PREPARO

Descasque os camarões, limpe-os bem e reserve na geladeira. Lave bem as cascas e cabeças para preparar o caldo. Lave bem o mogango e depois corte-o em cubos de 2 cm de aresta – retire as sementes e mantenha as cascas. Reserve. Aqueça o óleo em uma panela, junte o alho, a metade da cebola, o gengibre e a pimenta dedo-de-moça. Refogue até a cebola ficar transparente, cerca de 5 minutos. Acrescente as cascas e cabeças dos camarões e refogue até as cascas ficarem avermelhadas, junte a água e as folhas de limão. Cozinhe em fogo brando por cerca de 30 minutos. Deixe o caldo esfriar um pouco, retire as folhas de limão e bata o restante no liquidificador até triturar bem as cascas. Passe por uma peneira fina e torne a levar o caldo ao fogo. Junte os pedaços de mogango e o leite de coco, cozinhe por uns cinco minutos ou até os pedaços ficarem tenros. Tempere os camarões com sal e agregue ao caldo, cozinhe por 2 ou 3 minutos ou até os camarões ficarem opacos. Não cozinhe demais para não deixar os camarões ficarem borrachudos. Corrija o tempero com sal e sirva com arroz branco.

KÜMMEL

(CARUM CARVI) FRANCÊS E ITALIANO: CARVI * ALEMÃO: KÜMMEL * ESPANHOL: ALCARAVEA * INGLÊS: CARAWAY

Planta originária da Europa e da Ásia, onde cresce espontaneamente em clima temperado, foi depois aclimatada e cultivada na América do Norte. Seu nome em português é *alcarávia*, mas é usualmente tratada pelo nome alemão *kümmel*.

Encontraram-se vestígios de seu uso na Idade da Pedra, nos túmulos egípcios e nos lugares onde as caravanas paravam na rota da seda.

Seu nome vem do árabe antigo *karawiya*, pelo qual ainda hoje é conhecida na região.

É provavelmente a especiaria mais antiga em uso na Europa e suas pequenas sementes eram usadas nos feitiços de amor, pois se dizia que preveniam as separações.

De sabor distintamente agradável e levemente doce, o bolo de sementes de *kümmel* é muito antigo e um dos favoritos na Inglaterra. Uma curiosidade da culinária inglesa é que durante o reinado da rainha Vitória, o uso das sementes foi incentivado, para seguir a moda dos hábitos germânicos.

Hoje, o *kümmel* é mais popular nas cozinhas austríaca e alemã, quando é empregado para aromatizar pães, bolos e biscoitos. Também é usado no chucrute, arroz, queijo, ricota, massas e pastéis, manteigas e no preparo de carnes e embutidos. É um importante ingrediente em alguns licores do norte da Europa, gins e *schnapps*.

Seu aroma quente, doce e levemente picante pode ser moído ou tostado antes de ser usado nas receitas.

Outras sugestões de uso:
Fica delicioso em uma pasta de queijo ou para dar riqueza a molhos para massas.

{DICA DE COZINHA}
Mascado depois de uma refeição pesada, ele ajuda na digestão e melhora a sensação de empanzinamento.

QUANTIDADES SUGERIDAS DE USO

1 colher de chá para 2 xícaras de pão de milho

1 colher de chá em ¼ de xícara de manteiga derretida para vegetais

½ colher de chá em ½ kg massa de bolo

Repolho roxo com kümmel
(4 porções)

Ingredientes

1 kg de repolho roxo picado em tirinhas, salgado, lavado e espremido
50 g de cebola picadinha
1 beterraba média ralada
1 copo americano (200ml) de vinho tinto
½ xícara de chá (100 g) de açúcar cristal
2 maçãs descascadas picadinhas
3 colheres de sopa (45 ml) de azeite de oliva
1 colher de sopa de sementes de kümmel
3 colheres de sopa (45 ml) de aceto balsâmico
Sal e pimenta-do-reino a gosto

MODO DE PREPARO

Aqueça o azeite em uma panela de inox, refogue a cebola até ficar transparente, adicione a beterraba, o repolho e refogue por uns cinco minutos. Adicione o vinho, as maçãs, o açúcar e o vinho tinto. Cozinhe em fogo brando até o repolho ficar macio e com pouco caldo. Adicione o aceto balsâmico e cozinhe mais um pouco até o líquido quase secar. Aqueça as sementes de *kümmel* em uma frigideira e despeje-as sobre o repolho, mexa e retire do fogo. Corrija os temperos com sal e, se for necessário para equilibrar a acidez e doçura, junte mais aceto ou açúcar. Sirva como guarnição para carne de porco, pato ou mesmo queijos azuis, tais como gorgonzola ou roquefort.

LOURO

(LAURUS NOBILIS) FRANCÊS: LAURIER * ALEMÃO: LORBEERBLATT * ESPANHOL: LAUREL * ITALIANO: ALLORO * INGLÊS: BAY

Nativo da Ásia Menor, o loureiro se espalhou por todo o Mediterrâneo há tanto tempo, que se pensa nele como sendo uma planta nativa daquela região.

Pode crescer até uma altura considerável, mas se podado pode ser usado em cercas vivas, em vias públicas e até em vasos.

Era um dos símbolos de Apolo, deus grego que protegia os atletas e jovens guerreiros. Por isso, uma coroa feita de folhas de louro foi por muitos séculos um símbolo de vitória e era usada para honrar imperadores e heróis da Roma Antiga. O imperador Tibério acreditava que a coroa de louros ajudava a protegê-lo contra raios e trovões.

Podem ser usadas frescas, mas é mais comum encontrarmos as folhas secas. De aroma intenso e sabor ligeiramente amargo, o louro é usado para aromatizar sopas, cremes, peixes, moluscos, suco de tomate e marinados. Junto com a salsa e o tomilho faz parte do *bouquet garni* e é também adicionado ao vinha-d'alhos. Tempera legumes, verduras e uma variedade de carnes e assados, incluindo as caças. É ingrediente indispensável na feijoada brasileira.

Por ser áspera, fibrosa e dura, as folhas de louro são desagradáveis de mastigar. A folha inteira ou picada precisa ser cozida em líquido para transmitir suas propriedades. Em saladas e em outros pratos sem caldo a folha deve ser bem triturada. Louro em pó é facilmente encontrado no mercado.

Outras sugestões de uso:
Deixa as batatas mais saborosas quando assadas com folhas de louro enterradas nelas; dá um quê a mais em uma compota de abacaxi.

{DICA DE COZINHA}
As folhas secas podem ser armazenadas em vasilhas bem tampadas por até cerca de dois anos sem perder suas propriedades.

QUANTIDADES SUGERIDAS DE USO

1 colher de chá de louro em pó para omelete com 8 ovos

1 colher de chá de louro em pó para 7 tomates médios

1 folha para 1 kg de carne no ensopado

1 folha para cada 2 litros de água no cozimento de 200 g de espaguete.

Mexilhões laureados
(4 porções)

Ingredientes
3 dúzias de mexilhões vivos bem lavados
1 cebola média picadinha
1 cenoura média ralada em ralo grosso
½ pimentão vermelho picado em tirinhas
2 colheres de sopa (30 g) de manteiga
1 xícara de chá (250 ml) de vinho branco seco
3 colheres de sopa de salsinha picadinha
8 folhas de louro
Sal e pimenta-do-reino a gosto
Suco de 1 limão

MODO DE PREPARO
Leve ao fogo uma panela capaz de conter com facilidade todos os mexilhões, aqueça-a e coloque a manteiga para derreter. Junte a cebola, o pimentão, a cenoura e as folhas de louro. Refogue por uns 3 minutos, junte agora os mexilhões e o vinho. Tampe a panela e cozinhe em fogo alto, sacudindo a panela várias vezes. Quando os mexilhões abrirem, tempere-os com sal e pimenta-do-reino. Regue com o suco de limão e sirva-os bem quentes com pães, torradas ou com batatas frias e maionese.

MACIS

(MYRISTICA FRAGRANS) **FRANCÊS E ITALIANO:** MACIS * **ALEMÃO:** MUSKATBLÜTE * **ESPANHOL:** MACIA * **INGLÊS:** MACE

O macis é o invólucro da semente da noz-moscada; quando separado se quebra em lâminas. Tem, em geral, uma cor intensa e as de cor laranja-avermelhada costumam ser provenientes da Indonésia, enquanto outras de cor laranja-amarelada são de Granada, Espanha.

O aroma do macis lembra o da noz-moscada, porém um pouco mais forte. Tem cor mais clara e seu sabor é quente, intenso e ligeiramente mais doce que o da noz-moscada. É uma especiaria cara, encontrada tanto inteira, em lâminas secas, como em pó. O pó é mais fácil de usar, pois os pedaços secos ficam bastante duros e precisam ser embebidos em líquido, ou então removidos depois do cozimento dos pratos.

Uma pequena dose pode realçar os aromas de várias receitas sem impor um forte gosto aos pratos. Funciona bem em pratos cremosos e bolos de cor clara (nos quais a cor marrom escura da noz-moscada não é desejável), bem como em sopas e alguns ensopados, suflês, molhos e muitas massas recheadas, quer misturado no recheio ou ralado sobre o prato no último instante. Também enriquece os chocolates e os drinks de frutas.

Outras sugestões de uso:
Combina muito bem com espinafre, brócolis, cenoura, abóbora, repolho, inhame, batata-doce, ovos, massas, carnes de cordeiro, vitela etc.

{DICA DE COZINHA}
Uma pitada de macis cai muito bem em qualquer tipo de suflê.

QUANTIDADES SUGERIDAS DE USO

EM PÓ
⅛ de colher de chá em um litro de massa de pudim de chocolate

1 colher de chá em 2 xícaras de mistura para waffle

¼ de colher de chá em um litro de sopa de queijo

EM LÂMINAS
1 lâmina é suficiente para aromatizar uma receita para 4 pessoas

Abacate grelhado com macis
(4 porções)

Ingredientes
1 abacate grande, maduro, mas ainda firme
2 colheres de molho shoyu
1 colher de sopa de aceto balsâmico
1 colher de café de macis em pó
1 colher de café de pimenta-do-reino moída na hora
½ colher de café de flor de sal (opcional)
2 colheres de sopa de azeite de oliva

MODO DE PREPARO
Parta o abacate em quatro partes pelo comprimento, descarte o caroço e retire a casca com cuidado. Corte as pontas da fatia de modo a dar a ela um formato retangular, coloque em uma vasilha de louça ou vidro, bem separadas umas das outras. Deixe que as fatias escureçam um pouco por causa da oxidação, vire-as para oxidar do outro lado. Isso pode durar de meia a 1 hora. Misture em uma vasilha pequena de vidro, o shoyu, o aceto balsâmico, a pimenta--do-reino e o macis; despeje sobre as fatias de abacate. Deixe marinar por 15 minutos, vire e deixe mais 15. Escorra o caldo. Aqueça bem uma frigideira grande de fundo grosso e com superfície antiaderente, junte o azeite e agite a frigideira para que o óleo fique bem distribuído, coloque as fatias de abacate separadas umas das outros e deixe grelhar bem antes de mexer. Com uma espátula, vire as fatias para dourar os outros lados. É importante que o fogo esteja forte para dourar a peça rapidamente e ela não perca o formato. Coloque nos pratos e polvilhe a flor do sal por cima. Decore com riscos e gotas de xarope de balsâmico e feno-grego da receita da página 77. A aparência e a textura desse prato fazem dele uma alternativa vegetariana para um naco do controverso *foie gras*. Pode ser servido com torradas em uma entrada, ou ser prato principal servido com *pilat* de quinoa e muitos outros tipos de grãos.

MAHALEB

(PRUNUS MAHALEB) FRANCÊS * ALEMÃO * ESPANHOL * ITALIANO: MAHALEB * INGLÊS: MAHLEBI

A árvore do *mahaleb* é uma variedade de cerejeira-brava que nasce naturalmente na região do Mediterrâneo, e há muito é usada em perfumaria no Oriente Médio e na Turquia. Das suas flores brancas saem pequenos frutos vermelhos, como cerejas, e os caroços são pequenas sementes ovais que, quando secas, têm a cor caramelo-claro.

Seu aroma distinto lembra a amêndoa e a cereja é um pouco amarga, mas não desagradável. Alguns dizem que se parece com o perfume do marzipã com toques fragrantes de água de rosas. O sabor é, portanto, frutado e floral, mas ligeiramente amargo.

Muito usado no Mediterrâneo e no Oriente Médio, é famoso nos pães, doces e bolos turcos. Um simples pudim de leite se transforma com uma pitada de *mahaleb* e o arroz turco adquire sua fragrância floral e distinto sabor. Fazem ainda uma grande diferença quando adicionadas à mistura da massa da torta de frutas.

Outras sugestões de uso: Faz um pudim de leite ficar ainda mais gostoso; transforma o simples arroz-doce em uma perfumada iguaria.

{DICA DE COZINHA}
O *mahaleb* em pó perde muito rápido seus princípios ativos, prefira sempre moer os grãos pouco antes de usar.

QUANTIDADES SUGERIDAS DE USO

⅛ de colher de chá de semente moída em pães e biscoitos

¼ de colher de chá de semente moída no recheio da torta de frutas

½ colher de chá de semente moída para cada 2 xícaras de farinha

Torta de feijão-branco com laranja

Ingredientes da massa

2 xícaras de chá (250 g) de farinha de trigo
½ xícara de chá (100 g) de manteiga em cubinhos gelada
5 colheres de sopa (50 g) de açúcar refinado
1 gema
½ colher de chá de *mahaleb* em grãos ligeiramente tostados
½ copo (100 ml) de água gelada
1 pitada de sal

Ingredientes do recheio

1 xícara de chá (200 g) de feijão-branco cozido e escorrido
1 ½ xícara de chá (300 g) de açúcar
½ copo (100 ml) de água
1 copo (200 ml) de suco de laranja
1 laranja (raspas)
10 gemas
1 colher de sopa rasa de farinha de trigo
½ colher de café de *mahaleb* ligeiramente tostado
4 colheres de sopa (50 g) de açúcar de confeiteiro para polvilhar

MODO DE PREPARO DA MASSA

Coloque em um processador o trigo, o sal, o açúcar e o *mahaled*; distribua por cima os cubinhos de manteiga. Bata rapidamente até a mistura ter a aparência de uma farofa. Misture a gema com a metade da água e junte a massa, processe mais um pouco, coloque mais água aos pouquinhos até formar uma bola de massa. Não amasse ou bata a massa. Coloque na geladeira enquanto prepara o recheio.

MODO DE PREPARO DO RECHEIO

Misture o açúcar e a água, leve ao fogo e deixe ferver por 3 minutos. Deixe esfriar um pouco. Bata no liquidificador a calda, o suco de laranja, as raspas, a farinha de trigo, as gemas e o feijão-branco. Passe por uma peneira fina e junte o restante do *mahaleb*.

MONTAGEM

Abra a massa e cubra o fundo e os lados de uma fôrma de fundo falso, cubra com papel-alumínio ou manteiga, coloque grãos de feijão ou grão-de-bico para fazer peso e não deixar a massa crescer. Asse ao forno a 180º C por cerca de 15 minutos. Retire do forno, retire os grãos e o papel-alumínio. Coloque o recheio e volte ao forno a 150ºC por cerca de 30 a 45 minutos ou até firmar o recheio. Retire a torta do forno e polvilhe com o açúcar de confeiteiro, leve novamente ao forno por 5-10 minutos. Deixe esfriar para retirar da fôrma. Sirva quente com sorvete de chocolate amargo.

MANJERICÃO

(OCIMUM BASILICUM) **FRANCÊS:** BASILIC * **ALEMÃO:** BASILIKUM * **ESPANHOL:** ALBAHACA * **ITALIANO:** BASILICO * **INGLÊS:** SWEET BASIL

Um dos membros da enorme família das mentas, o manjericão tem sua origem provável na Índia, mas pode ser ainda mais ao leste. Entretanto, lá, outra variedade é a mais comum: o *ocimum sanctum*, ou *tulsi* sagrado. No Egito, era uma das ervas usadas para embalsamar os mortos e também era símbolo de luto.

Viajou para a Europa por terra chegando à Inglaterra no século 16 e de lá para as Américas no século seguinte. Sendo um adição relativamente recente na culinária ocidental. Mas em pouco tempo se tornou uma das ervas mais utilizadas no mundo.

Seu aroma é forte, pungente, doce, com um toque mentolado – portanto seu sabor é picante e adocicado.

Há muito o manjericão se tornou ingrediente fundamental da culinária italiana e mediterrânea em geral. Combina divinamente com alho, azeite, orégano, tomilho e pimentão, assim como com queijos e quase todos os vegetais, notadamente o tomate, a berinjela e a abobrinha. E, claro, para dar o toque especial ao sabor de pizzas e pratos de massas.

Um dos molhos mais famosos é o *pesto* genovês feito com folhas frescas de manjericão, alho, azeite, sal, pinoli e queijo pecorino ou parmesão. Qualquer molho ou prato com tomates fica mais rico e até uma simples salada de tomates, manjericão, azeite e sal faz sucesso em qualquer lugar.

É comum confundir o manjericão com a alfavaca, que é na realidade uma variedade dele. A alfavaca é uma planta de origem brasileira e, apesar de parecida com o manjericão, tem as folhas um pouco menores e seu aroma é mais pronunciado nas regiões de maior calor.

Outras sugestões de uso:
Faça um *pesto* doce com manjericão fresco, nozes e calda de açúcar, use para guarnecer uma *cheesecake*; ou para fazer um *tiramisú* de manjericão (sem café ou chocolate).

{DICA DE COZINHA}
Rasgue bem as folhas e misture ao sorvete de baunilha, coco, abacaxi ou limão.

QUANTIDADES SUGERIDAS DE USO

1 xícara de chá de folhas frescas para 1 xícara de chá de molho pesto

10 folhas picadinhas por litro de sorvete

Goiabas gratinadas à caprese
(4 porções)

Ingredientes
4 goiabas vermelhas grandes maduras
100 g (½ xícara de chá mais 1 colher de sopa) de açúcar refinado
4 bolas de *mozzarelas* frescas de búfala de cerca de 80 g cada
2 colheres de sopa de manjericão
1 colher de sopa de manteiga para untar
1 pitada de canela
1 pitada de pimenta-do-reino moída na hora

MODO DE PREPARO
Descasque as goiabas e corte-as ao meio. Separe a polpa do miolo com uma colher; reserve as polpas. Coloque os miolos com as sementes no copo de um liquidificador, junte ½ copo de água e bata até ficar cremoso. Passe por uma peneira e reserve o suco. Unte uma fôrma refratária pequena com um pouco da manteiga e do açúcar, distribua as metades das goiabas – com a parte aberta virada para cima – e polvilhe com mais açúcar, a canela e a pimenta-do-reino. Coloque as folhinhas de manjericão dentro das metades, regue com o suco reservado e polvilhe o restante do açúcar. Leve ao forno bem quente por uns 40 minutos. Retire do forno, arrume as metades das goiabas e coloque sobre cada uma delas uma metade da *mozzarela*, torne a levar ao forno ou até ficar gratinado. Sirva quente em um prato enfeitado com desenhos do *pesto* doce de manjericão.

MANJERONA

(MANJORANA HORTENSIS) **FRANCÊS: MARJOLAINE** * **ALEMÃO: MAIGRAM MAIRAN** * **ESPANHOL: MEJORANA** * **ITALIANO: MAGGIORANA** * **INGLÊS: MARJORAN**

Erva de origem europeia, nativa da região do Mediterrâneo, é da família do orégano, mas possui sabor e aroma mais leve e requintado. Historicamente utilizada como erva medicinal, a manjerona foi símbolo da riqueza e da felicidade da Grécia Antiga – por essa razão é muito comum a confecção de guirlandas com manjerona.

Hoje é usada na indústria cosmética, quando suas folhas e óleo emprestam aroma a cremes para a pele e sabonetes de banho. Também é muito usada na aromaterapia, por ser uma erva quente de efeito tranquilizador, sendo recomendado o uso contra a insônia e o estresse.

De sabor agridoce muito suave, é comum nas cozinhas alemãs e polacas por ser um ingrediente importante em vários embutidos. Na França é uma das *herbes de provence* e *bouquets garnis*.

Podem ser encontradas as folhas frescas ou secas. Sendo que as frescas devem ser utilizadas em pratos de cozimento rápido ou no fim do preparo, já com o fogo desligado, para não perder seu aroma delicado.

Seu uso é comum em quase todos os pratos, com exceção dos doces. Utilize no preparo de carneiro, porco, carne de vaca, vitela, aves, caças, galinha, peixe grelhado ou assado, moluscos e creme de marisco.

A manjerona e o orégano são plantas diferentes, mas como são muito parecidas, podem ser confundidas facilmente. Entretanto, o orégano tem um sabor mais forte.

Outras sugestões de uso:
Para recheio e molhos; para massas do tipo ravióli; vai muito bem com abobrinha, berinjela, milho-verde, pepino, tubérculos em geral etc.

{DICA DE COZINHA}
As flores e as pequenas sementes podem ser utilizadas como tempero também.

QUANTIDADES SUGERIDAS DE USO

½ a 1 colher de chá em 2 xícaras de verdura fresca

¼ a ½ colher de chá para 1 e ½ kg de galinha

Salpique até ¼ de colher de chá para 4 ovos – cozidos, mexidos ou como omelete

Polenta cremosa aos quatro cogumelos
(4 porções)

Ingredientes da polenta
1 xícara de chá (120 g) de fubá de canjica ou de polenta italiana
3 xícaras de chá (720 ml) de água
Sal a gosto

Ingredientes do recheio de cogumelos
150 g de *shiitake* fresco, livres de qualquer sujidade
150 g de *shimeiji* fresco, livres de qualquer sujidade
100 g de *champignon* fresco, livres de qualquer sujidade
20 g de *funghi* seco, lavado, demolhado e escorrido
3 colheres de sopa (45 ml) de azeite de oliva
3 colheres de sopa (45 g) de manteiga
1 copo americano (200 ml) de creme de leite
1 cebola média picadinha
2 dentes de alho picadinhos
1 tomate maduro sem pele ou semente, picadinho
3 colheres de sopa (45 ml) de cachaça
1 xícara de chá (100 g) de queijo parmesão ralado grosso
1 colher de sopa de manjerona picadinha
1 colher de sopa de cebolinha verde picadinha
Sal e pimenta-do-reino a gosto

MODO DE PREPARO DA POLENTA
Leve ao fogo a metade da água da polenta até ferver. Misture o fubá com o restante da água fria, mexa e despeje sobre a água fervente. Mexa vigorosamente para não formar grumos. Cozinhe em fogo brando, mexendo de tempos em tempos até o fubá cozinhar e ganhar consistência – isso leva de 40 a 60 minutos. Enquanto isso, prepare o recheio.

MODO DE PREPARO DO RECHEIO
Pique o *shiitake* em pedaços grandes, separe os cachinhos de *shimeji* e pique o talo mais grosso. Fatie os *champignons*. Pique grosseiramente os *funghi* secos já demolhados, reservando a água. Aqueça a metade do azeite em uma frigideira grande, refogue o alho e a cebola até ficarem transparentes; retire da frigideira e reserve. Aqueça a frigideira novamente e junte o restante do azeite, refogue o *funghi* seco e depois adicione o *shiitake*, o *shimeji* e os *champignons*. Salteie em fogo forte até dourar, mas sem perder os sucos. Flambe com a cachaça, junte a água onde o *funghi* seco foi demolhado, o creme de leite e ferva até o caldo engrossar. Adicione a manteiga, o queijo parmesão, o tomate picadinho e manjerona; misture bem; corrija o tempero com sal e pimenta-do-reino.

MONTAGEM
Monte o prato, colocando um pouco de polenta no centro dele, fazendo um buraco no meio do monte e colocando o recheio dentro. Enfeite com as cebolinhas e salpique com parmesão ralado. Sirva bem quente.

MENTA

(MENTHA PIPERITA) **FRANCÊS: MENTHE POIVRÉE * ALEMÃO: PFEFFERMINZE * ESPANHOL: MENTA * ITALIANO: MENTA PEPE * INGLÊS: PEPPERMINT**

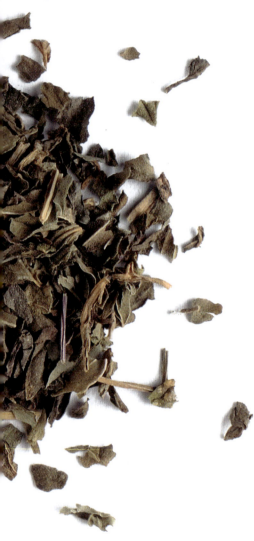

Esta erva nativa da Europa foi descrita como espécie pelo botânico sueco Carolus Linnaeus, em 1753. Hoje, sabe-se que a menta é uma espécie híbrida, formada pela menta-aquática (espécie de hortelã-silvestre da Grã-Bretanha) e a hortelã-comum.

O grande número de espécies dessa planta leva à confusão, embora, felizmente, existam várias com aroma semelhante que podem ser usadas como alternativa.

Seu uso farmacêutico é enorme: é tido como calmante da tosse e das inflamações da garganta. Consta em remédios contra a azia, enjoo e gases. Seu óleo é usado para massagear e relaxar os músculos e até como repelente de mosquitos. Na indústria, assim como o hortelã, é usado como fragrância em sabonetes, cremes dentais e outros cosméticos.

Conhecida no Brasil como hortelã-pimenta, assim como as outras de sua família, podem ser utilizadas pela culinária tanto em pratos doces quanto salgados.

Embora a menta fresca seja em geral a preferida, a menta seca é muito usada em pratos do Oriente Médio, especialmente em coalhadas para recheio de pastéis, temperos para iogurtes e molhos para vegetais como berinjela, pimentões e tomates.

É comum sua utilização na aromatização de licores, doces e sobremesas. A geleia de menta é muito famosa para acompanhar a carne de carneiro.

Outras sugestões de uso:
Dá um toque especial aos pratos de peixes ensopados. Combina bem com batatas, arroz, ervilhas, cenouras, pato, porco e até mesmo no feijão-preto.

{DICA DE COZINHA}
Faça um espetinho refrescante alternando cubos de melão, de melancia e folhas de menta.

QUANTIDADES SUGERIDAS DE USO

1 colher de sopa de folhas secas para 500 g de maçãs, na fabricação de geleias

1 colher de sobremesa em um litro de suco de abacaxi

Salada de lentilhas com mogango e menta
(4 porções)

Ingredientes

½ kg mogango novo em uma única peça
200 g de lentilhas
1 folha de louro
1 dente de alho
1 cebola pequena inteira
8 cravos-da-índia
4 copos americanos (800 ml) de caldo de legumes
6 colheres de sopa (45 ml) de azeite extravirgem
3 colheres de sopa (45 ml) de vinagre de maçã
2 colheres de sopa de menta seca
1 colher de sopa de mel
2 colheres de sopa de folhas de menta fresca
Sal e pimenta-do-reino a gosto

MODO DE PREPARO

Lave bem as lentilhas, escorra e coloque-as no caldo fervente; adicione a cebola toda espetada com os cravos e o louro. Cozinhe por cerca de 30 minutos ou até as lentilhas ficarem macias, mas ainda firmes. Escorra e retire o louro, a cebola e o alho. Guarde o caldo para uma sopa ou enriqueça um molho.
Lave bem o mogango – pois ele vai ser comido com casca –, parta-o ao meio no sentido vertical e retire as sementes com uma colher. Com uma faca afiada ou com uma máquina de frios corte 8 rodelas finas do mogango. Corte o restante do mogango em cubinhos de 0,5 cm de aresta. Leve ao fogo uma panela com bastante água e deixe ferver. Tempere com um pouco de sal. Cozinhe as fatias de mogango, duas a duas, por cerca de 1 minuto, esfrie-as imediatamente em um banho gelado. Escorra com cuidado para que não quebrem. Depois de completar as rodelas, cozinhe os cubinhos por cerca de 2 minutos, resfrie e escorra. Aqueça o vinagre, junte o mel e deixe ferver. Apague o fogo, junte a menta seca e deixe esfriar um pouco. Jogue por cima das lentilhas e misture juntamente com os cubinhos de mogango. Tempere com sal e pimenta-do-reino a gosto. Aqueça bem o azeite em uma panela e junte a metade das folhas de menta fresca; retire do fogo e despeje sobre a salada. Misture bem. Forre os fundos dos pratos com as rodelas de mogango, polvilhe com sal e pimenta-do-reino. Coloque a salada dentro dos círculos de maneira decorativa e regue com azeite. Deixe curtir por uns minutos antes de servir. Enfeite com folhas frescas de menta. Sirva morna ou fria.

MOSTARDA

(BRASSICA ALBA [AMARELA]; BRASSICA JUNCEA [MARROM]; BRASSICA NIGRA [PRETA]) FRANCÊS: MOUTARDE * ALEMÃO: SENF * ESPANHOL: MOSTARZA * ITALIANO: SENAPE * INGLÊS: MUSTARD

A planta da mostarda é da família do repolho, anual, e possui pequenas sementes. Há três variedades de sementes usadas na culinária: preta, marrom e branca/amarela, mas as duas últimas são as mais utilizadas. A amarela é frequentemente chamada de branca, e a marrom, de preta, portanto convém esclarecer:

• *Brassica nigra*, a preta, originária do Oriente Médio, muito pequena e pungente, não é mais cultivada em larga escala, pois a colheita automática é impossível.

• *Brassica juncea*, a marrom, que tem sua origem na Índia, é usada hoje no lugar da negra apesar de bem menos pungente.

• *Sinapis alba*, ou branca ou amarela, é nativa da região mediterrânea, tem as sementes um pouco maiores, claras. É a menos picante de todas.

A palavra mostarda deriva do latim *mustum ardens* ou mosto ardente. A mostarda seca é uma mistura das variedades marrom e branca, finamente moídas. O condimento chamado mostarda é preparado da combinação das sementes moídas, misturadas com água, que ajuda a desabrochar suas propriedades picantes, ardidas.

Na variedade amarela, são utilizadas as sementes inteiras. São sementes pequenas e redondas de sabor pungente.

As sementes inteiras de mostarda são usadas no preparo de picles de pepino, com legumes e carnes grelhada, na salada de couve, nas batatas e no repolho cozido em água. A mostarda seca dá um sabor especial a pratos com ovos e queijo, molhos para saladas, aperitivos, e também com carnes, aves e no molhos para legumes. A mostarda branca é usada no preparo das mostardas americanas e inglesas, mas nunca nas francesas Dijon ou Lánciene, mais fortes e puras.

Outras sugestões de uso:
Combina muito bem com diferentes tipos de carne, tais como coelho, porco, cordeiro, frango, carne de vaca etc. Também enriquece o sabor de beterrabas, repolhos e, ainda, de peixes e frutos do mar.

{DICA DE COZINHA}
A mostarda em pasta misturada ao mel, nas proporções de 1:1 ou de 2:1, faz uma deliciosa pasta para besuntar salmão, filé de frango etc. Ou para fazer um molho vinagrete para carnes frias e saladas.

QUANTIDADES SUGERIDAS DE USO

¼ a ½ colher de chá em 6 ovos cozidos, mexidos ou para omeletes

¼ a ½ colher de chá em ½ kg de carne moída

Picadinho de filé com mostarda, uvas e passas
(4 porções)

Ingredientes
½ kg de filé-mignon cortado em tirinhas finas
1 colher de sopa de farinha de trigo
3 colheres de sopa de óleo
1 cebola média ralada
1 dente de alho amassado
1 cubo de caldo de carne
1 xícara de chá (120 ml) de creme de leite fresco
½ xícara de chá de uvas sem caroço e sem pele
1 copo americano (200 ml) de vinho branco suave
2 colheres de sopa (30 g) de uvas-passas
1 colher de sopa (10 g) de mostarda em pó
1 colher de chá de cúrcuma
2 colheres de sopa de salsinha picadinha
Sal e pimenta-do-reino a gosto

MODO DE PREPARO
Prepare a pasta de mostarda juntando um pouco de água fria e a cúrcuma – misture até formar uma pasta (cerca de 3 colheres de sopa). Reserve por pelo menos 10 minutos. Depois disso, junte 2 colheres de sopa do vinho, misture e reserve. Aqueça uma panela de fundo grosso e adicione metade do óleo. Seque a carne com papel de cozinha e polvilhe com a farinha de trigo, misture e refogue na panela. Assim que a carne dourar, retire-a da panela e reserve.
Na mesma panela, refogue o alho e a cebola até que esta comece a dourar. Junte a carne reservada e agregue o vinho branco. Raspe bem o fundo da panela para retirar os resíduos do refogado. Deixe o vinho evaporar todo. Dissolva o cubo de caldo em 200 ml de água fervente e junte à carne na panela. Cozinhe até o molho engrossar um pouco. Adicione as uvas-passas e ferva mais um pouco até o molho ficar grosso. Acrescente o creme de leite fresco e ferva mais uns 3 minutos. Tempere com um pouco sal e pimenta-do-reino. Apague o fogo e adicione a pasta de mostarda, as uvas, e salpique com a salsinha. Sirva com massa fresca ou arroz branco misturado com batata palha.

NIGELA

(NIGELLA SATIVA) FRANCÊS: NIGELLE * ALEMÃO: SCHWARZKÜMMEL * ESPANHOL: NEGUILLA * ITALIANO E INGLÊS: NIGELLA

A nigela é nativa da Ásia Ocidental e do Oriente Médio. O nome desta pequena semente vem do latim *nigellus*, que significa negro, escuro, pois são semelhantes ao gergelim, porém muito escuras.

De seu óleo fabrica-se uma tintura, e pode ser usado na composição de remédios homeopáticos para a circulação, asma e bronquite, asma, entre outras.

Com sabor apimentado, tem aroma suave que lembra vagamente o da cebola, sobretudo quando a semente é quebrada. Já foi usada para substituir a pimenta-do-reino, apesar de bem mais fraca, e o cominho, razão pela qual também é chamada de cominho-preto.

Muito usada no Egito e na Índia, é um ingrediente familiar em diversas misturas, como a famosa mistura bengali *panch phoran*, ou 5 especiarias, e é tradicionalmente adicionada sobre pães e bolos, como o famoso *naan* indiano.

Vai bem com arroz, vegetais, iogurte, queijos frescos, saladas, especialmente salada de pepino com iogurte, picles e *chutneys*.

No Oriente Médio, a berinjela com nigela é um clássico.

Outras sugestões de uso:
Combina bem com outras pimentas no preparo de um *steak au poivre* e dá um sabor especial a um pernil de cordeiro.

{DICA DE COZINHA}
Torrada e salpicada sobre os pratos, a nigela além do agradável sabor e da textura crocante, tem um grande efeito decorativo.

QUANTIDADES SUGERIDAS DE USO

1 colher de chá em 250 g de iogurte com pepino

½ colher de chá em pratos de saladas verdes com tomates

Telhas de nigela
(rendimento: 300 g de produto)

Ingredientes

1 e ⅔ de xícara de chá (250 g) de polvilho doce
1 copo americano (200 ml) de água
1 copo americano (200 ml) de leite
½ copo americano (100 ml) de óleo
1 ovo
1 colher de sopa (15 ml) de tintura de urucum (opcional)
2 colheres de sopa de nigela
1 colher de chá de açúcar
1 colher de café de sal

MODO DE PREPARO

Leve o óleo ao fogo em uma panela até ficar bem quente. Coloque o polvilho em uma tigela, junte sal, açúcar e metade da água. Amasse com as mãos até a mistura ficar homogênea. Leve o óleo ao fogo em uma panela até ficar bem quente. Despeje uniformemente sobre o polvilho sovado, espere dois minutos e misture tudo com uma colher. Coloque o leite, a tintura, o ovo e o restante do leite no copo do liquidificador, junte o polvilho e bata bem até ficar uma massa lisa e mole, que possa ser espalhada com uma espátula. Corrija a consistência com mais polvilho ou mais água. Passe para uma vasilha e deixe descansar por pelo menos 1 hora. Coloque uma manta de silicone sobre uma bancada e espalhe um pouco da massa sobre a manta como se fosse uma massa corrida. Com o cabo de uma colher, marque a massa em retângulos mais compridos, polvilhe com a nigela e asse a 150°C, até ficar bem crocante. Retire do forno e deixe esfriar. Repita o processo até acabar todos os ingredientes. Separe os retângulos e guarde-os em vasilhas bem tampadas para evitar umidade. Ficam deliciosas com chá, para montar canapés ou servir com pastas e patês.

NOZ-MOSCADA

(MYRISTICA FRAGRANS) **FRANCÊS:** NOIX DE MUSCADE * **ALEMÃO:** MUSKATNUSS * **ESPANHOL:** NUEZ MOSCADA * **ITALIANO:** NOCE MOSCATA * **INGLÊS:** NUTMEG

Nativa das ilhas Molucas, ou Ilhas das Especiarias, a noz-moscada foi levada para a Europa pelos navegadores portugueses que, com os holandeses tiveram o monopólio deste importante comércio durante séculos. Hoje, é cultivada na Indonésia e totalmente adaptada nas Antilhas e em outras partes dos trópicos.

Em pequenas porções é muito aromática e benéfica para a saúde, mas se ingerida em grandes quantidades torna-se tóxica — mas é pouco provável que faça mal nas medidas indicadas pelas receitas culinárias.

A moscadeira é a única árvore que dá origem a duas especiarias ao mesmo tempo: a noz-moscada, semente oval de seus frutos amarelos, e o macis, que é a casca arredondada, de cor vermelho-brilhante, que envolve a noz-moscada. As duas têm sabor parecido, mas a noz-moscada é um pouco mais adocicada.

Seu sabor é doce e ao mesmo tempo levemente amargo. Deve ser moída na hora de usar para transferir todo aroma e sabor aos pratos. É usada — em todo o mundo há milhares de anos — salpicada sobre pratos prontos ou adicionada a cremes e doces.

Vai bem em muitos molhos, sobretudo os à base de cebola ou leite, sendo ingrediente essencial no famoso molho bechamel, que pode acompanhar muitos pratos de carne e vegetais. Ótima também com queijos é fundamental no *fondue*.

A noz-moscada é muito popular nas receitas de bolos, tortas e cremes doces. É também usada em bebidas para serem tomadas à noite, pois se diz que acalma e induz ao sono.

Outras sugestões de uso:
Dá um sabor especial aos pratos de legumes gratinados; combina bem com brócolis, couve-flor, inhame, mandioca etc.; deixa o feijão do dia a dia muito mais saboroso.

{DICA DE COZINHA}

A noz-moscada pode ser substituída pelo macis, mas a quantidade de macis deve ser menor. Uma noz-moscada inteira corresponde em média a três colheres de chá dela moída.

QUANTIDADES SUGERIDAS DE USO

¼ a ½ colher de chá para receita de bolo de 2 camadas

⅛ a ¾ de colher de chá em mistura de pudim de baunilha usando 2 xícaras de leite

⅛ de colher de chá para ½ kg de carne

Bacalhau gratinado com baroa
(4 porções)

Ingredientes

300 g de bacalhau demolhado e cortado em lascas
200 g de cebola cortada em tirinhas
2 dentes de alho amassados
1 xícara de chá (250 ml) de leite integral fervente
1 xícara de chá (250 ml) de creme de leite
1 xícara de chá (200 g) de requeijão cremoso
¼ de tablete (50 g) de manteiga
4 colheres de sopa (60 ml) de azeite
1 colher de chá de noz-moscada
3 colheres de sopa de salsinha picadinha
600 g de batata-baroa (mandioquinha) cozida e amassada
1 colher de sopa de farinha de rosca
1 colher de sopa de parmesão ralado
Sal e pimenta-do-reino a gosto

MODO DE PREPARO

Aqueça o azeite em uma panela, junte o alho e a cebola, refogue em fogo baixo por uns 15 minutos, ou até as cebolas ficarem transparentes, mas não douradas. Adicione o bacalhau em lascas e refogue por mais uns 5 minutos, junte o creme de leite e o requeijão cremoso. Cozinhe em fogo brando até ficar cremoso. Adicione a noz-moscada, sal, pimenta-do-reino a gosto e a salsinha. Reserve. Derreta a manteiga em uma panela e junte a baroa amassada, misture e junte o leite fervente aos poucos, batendo sempre para ficar bem macio. Tempere com sal e um pouco de noz-moscada. Espalhe ⅓ do purê de baroa no fundo de uma vasilha que possa ir ao forno, por cima distribua o creme de bacalhau. Coloque o restante do purê em um saco de confeitar dotado de um bico grande frisado e com ele faça montinhos decorativos sobre toda a travessa. Misture a farinha de rosca, o queijo parmesão e mais um pouco de noz-moscada, polvilhe a mistura sobre o purê e regue com um pouco de azeite. Asse em forno quente a 200°C por cerca de 30 a 40 minutos ou até que fique com a crosta tostadinha.

ORÉGANO

(ORIGANUM VULGARE) FRANCÊS: ORIGAN * ALEMÃO E INGLÊS: OREGANO * ESPANHOL: ORÉGANO * ITALIANO: ORIGANO

Nativo da Europa, é cultivado na França desde a Idade Média e se tornou um dos temperos mais importantes da culinária mediterrânea. Já foi símbolo de alegria nos tempos dos gregos e dos romanos, e por isso os noivos usavam uma coroa feita com esta planta durante a cerimônia de casamento. Na Grécia, é conhecido como *rigani*, que significa "alegria das montanhas".

Só no século 20 se popularizou nas Américas, sobretudo após a Segunda Guerra Mundial. Mas o orégano se tornou mundialmente famoso com a crescente popularidade da pizza e invadiu as cozinhas de tal modo que é difícil encontrarmos alguém que nunca o tenha provado.

Planta da família das labiadas, é semelhante à manjerona e ao manjericão. Suas folhas podem ser usadas frescas ou secas. O orégano é das poucas ervas que são mais fortes quando secas. Às vezes, é chamado de manjerona-selvagem, mas tem sabor bem mais forte.

Seu sabor quente, balsâmico e aromático faz com que seja perfeito nas cozinhas da região do Mediterrâneo. É um tempero típico da culinária italiana na qual, em folhas secas e trituradas, é comum em todos os pratos que levam tomate. Quase sempre associado à pizza, ele também serve para temperar molhos, molho para churrasco e sopa de legumes.

É excelente em ovos, em pratos com queijo ou cebola. Em saladas de frutos do mar, recheios para carnes ou aves, molho para peixe, em porco, carneiro e frango. Utilize-o no feijão-branco, nas azeitonas pretas com azeite e nos queijos aperitivos com azeite e pimenta-calabresa.

Outras sugestões de uso:
Para dar sabor ao aipim (mandioca) cozido, regado com azeite e polvilhado com orégano. Vai muito bem com pratos de feijão, batatas, azeitonas, cogumelos, pimentões, berinjelas, massas, frango, porco etc.

{DICA DE COZINHA}
Esfregue o orégano seco com as palmas das mãos para aquecê-lo no momento de polvilhar sobre os prato prontos já fora do fogo.

QUANTIDADES SUGERIDAS DE USO

½ a ¾ de colher de chá em 4 ovos para salada

¼ a ½ colher de chá para ½ xícara de manteiga para batata assada ou pão

1 colher de chá salpicada sobre uma pizza grande

Frango ao forno com orégano e limão
(4 porções)

Ingredientes
8 sobrecoxas de frango
8 batatas médias
3 colheres de sopa (45 ml) de cachaça
10 dentes de alho com casca
2 limões-sicilianos (suco e raspas)
1 colher de chá de mel
1 colher de sopa de orégano seco
4 colheres de sopa (60 ml) de azeite
2 dentes de alho picadinho
16 unidades de tomate cereja
Sal e pimenta-do-reino a gosto

MODO DE PREPARO
Limpe bem as sobrecoxas, tirando o excesso de gordura e de pele. É importante deixar a pele para evitar que as peças fiquem ressecadas. Seque com papel de cozinha e coloque em uma tigela. Faça um tempero amassando dois dentes de alho sem casca, sal, pimenta-do-reino, mel, ⅓ do orégano, um pouco das raspas e do suco dos limões e a cachaça. Despeje o tempero sobre o frango, misture bem e deixe marinando por pelo menos 2 horas. Se possível, deixe de véspera na geladeira. Lave e escove bem as batatas, coloque-as em uma panela com água fria e leve ao fogo até ferver. Junte os dentes de alho restantes e cozinhe por 10 minutos. Regue um pirex ou tabuleiro com um pouco do azeite e acomode, lado a lado, os pedaços de frango com as peles para cima, as batatas e os dentes de alho. Regue com mais um pouco de azeite, metade do restante do suco de limão e com a metade do restante do orégano. Asse por cerca de 40 minutos em forno a 180°C.

Retire do forno e coloque os tomatinhos no tabuleiro, dando um pequeno corte em cruz no topo deles. Pressione as batatas com um peso para que elas rompam as cascas, mas se mantenham inteiras. Regue tudo com mais azeite, suco de limão e o orégano. Torne a levar ao forno por mais ou menos 20 a 30 minutos ou até o frango ficar bem dourado. Sirva com salada de folhas.

PAPOULA

(PAPAVER SOMNIFERUM) **FRANCÊS:** PAVOT SOMNIFERE * **ALEMÃO:** MOHN * **ESPANHOL:** AMAPOLA * **ITALIANO:** PAPAVERO * **INGLÊS:** POPPY SEED

Na culinária, usamos as sementes da papoula, a mesma variedade da planta da qual se extrai o ópio. Nativa do Oriente Médio, dá uma bela flor cor-de-rosa, branca e lilás, porém muitos países proíbem seu cultivo, como prevenção à produção desta poderosa droga alucinógena obtida da cápsula que envolve suas sementes ainda verdes. No entanto, depois que amadurecem, as mesmas sementes não apresentam mais os alcaloides proibidos e são importante fonte de fibras e óleo.

As pequeninas sementes cinza-azuladas em forma de rim têm um sabor que lembra a avelã e uma textura interessante, que parece estalar quando mastigada. Muito usada nas cozinhas do Norte e do Centro da Europa, do Oriente Médio, da Índia e de algumas regiões da América do Norte, decora pães, biscoitos e bolos. Vai bem em molhos para saladas e com carnes e peixes. Quando torradas em fogo brando, liberam o aroma de seus óleos essenciais, além de ficarem ainda mais crocantes.

Um creme colorido de sementes de papoula, obtido da moagem dos grãos tostados, é comum na Índia, e pode ser usado como recheio de pães e doces ou para engrossar molhos e *curries*. Ao sul da Índia, um tradicional prato doce chamado *kuskus payasam* é feito do leite da semente de papoula, misturado aos leites de vaca e de coco, cardamomo, passas e açúcar. Na Europa Central, em especial na Áustria e Hungria, são populares em tortas de frutas.

Outras sugestões de uso:
Sementes torradas dão sabor e textura crocante a pratos de arroz, massas, frutas etc.

{DICA DE COZINHA}
Dê uma nova dimensão tradicional ao espaguete ao alho e óleo acrescentando nos últimos minutos sementes de papoula e farinha de pão, fritos no azeite.

QUANTIDADES SUGERIDAS DE USO

1 colher de chá na preparação de *muffins*

2 colheres de chá em ½ kg de queijo cremoso

Biscoitão com semente de papoula
(20 unidades)

Ingredientes
3 ⅓ de xícara (500 g) de polvilho azedo
3 ovos
1 xícara de chá (100 g) de farinha de milho em flocos
1 copo americano (200 ml) de óleo vegetal
1 ½ copo americano (150 ml) de leite
1 copo americano (200 ml) de água
1 colher de chá de sal
2 colheres de sopa de semente de papoula

MODO DE PREPARO
Misture o leite com a farinha de milho e reserve.
Coloque o polvilho em uma tigela, junte o sal
e a água. Amasse bem até o polvilho ficar sem
grumos. Aqueça o óleo e escalde o polvilho;
deixe esfriar um pouco e sove novamente.
Junte a farinha umedecida no leite, os ovos e
misture tudo até formar uma massa uniforme.
Deixe na geladeira por cerca de 1 hora.
Unte as mãos com um pouco de óleo, pegue
uma porção da massa e enrole na forma de
um cilindro de 8 cm de comprimento e 2 cm
de espessura. Coloque os biscoitões em uma
assadeira untada dando a eles o formato
de meia lua. Polvilhe com as sementes de
papoulas e leve ao forno a 200°C por cerca de
30 minutos, ou até os biscoitões ficaram
crescidos e secos por fora. Sirva-os quentes.

PÁPRICA

(CAPSICUM ANNUUM) FRANCÊS, ALEMÃO, ESPANHOL, ITALIANO, INGLÊS: PAPRIKA

A páprica é o pó avermelhado obtido a partir de uma variedade de pimentão-doce, seco e moído. Nativa da América Central, foi levada por exploradores para a Europa. A quantidade de capsaicina, que dá o sabor picante às pimentas, é em geral muito pequena, mas há uma variedade de páprica picante que é também muito popular em algumas regiões, notadamente na Hungria, onde é um ingrediente indispensável em pratos tradicionais como o *goulash*.

A páprica é uma das especiarias mais populares. Usada como ornamento colorido para qualquer prato de cor clara. Tanto a páprica-doce quanto a picante podem ser usadas em molhos, carnes e aves, sendo a primeira mais suave e a outra mais picante, e seu uso depende do sabor que se deseja imprimir às receitas. Sabe-se hoje que a páprica é uma fonte mais rica em vitamina C do que as frutas cítricas, além de possuir vitamina A.

É também comum seu uso em embutidos, dando cor e sabor aos chouriços produzidos na Espanha e em outros embutidos de Portugal e Alemanha. Na Hungria, além do *goulash*, é também ingrediente principal em pratos de carne e vitela. Na cozinha espanhola, aparece também em pratos de arroz, ensopados de carne, pratos de ovos e algumas saladas.

Mais escura na cor e com sabor ainda mais rico e penetrante, a páprica defumada é feita usando os pimentões defumados antes de moídos e pode ser encontrada nas versões doce, meio doce e picante. Bastante valorizada no mercado internacional, ela pode ser encontrada sob diversas marcas e preços, de acordo com a qualidade do aroma tostado, da pungência ou do ardume.

Outras sugestões de uso:
Para besuntar em frango ou carne de porco; combina bem com legumes, tais como, batatas, couve-flor, arroz, massa e pratos ensopados de carne, cordeiro, vitela etc. *Beef strogonoff* é um prato onde ela é indispensável.

{DICA DE COZINHA}
Aquecer a páprica comum a seco, ou com um pouco de gordura, deixa-a com sabor de páprica defumada.

QUANTIDADES SUGERIDAS DE USO

½ colher de chá a 2 colheres de sopa em farinha para empanar 1 ½ kg de galinha ou carne

½ colher de chá a ¼ de xícara de manteiga para batatas sauté

1 colher de chá a 1 colher de sopa para 1 kg de vitela

Peito de peru com páprica
(4 porções)

Ingredientes
½ kg de peito de peru em cubos de 2 cm de aresta
2 pimentões vermelhos picados
1 cebola picadinha
1 colher de sopa de farinha de trigo
1 colher de sopa de manteiga
2 colheres de sopa de azeite
1 colher de sopa de páprica doce
1 colher de chá de páprica picante
1 copo americano (200 ml) de caldo de galinha
1 xícara de chá (250 ml) de creme de leite
Sal a gosto

MODO DE PREPARO
Aqueça a manteiga em uma panela e refogue a cebola e os pimentões em fogo baixo por cerca de 20 minutos ou até a cebola ficar transparente e adocicada e os pimentões macios. Bata bem a cebola e os pimentões com o caldo em um liquidificador e passe por uma peneira. Seque os cubos de peru com papel de cozinha e polvilhe com a farinha de trigo. Aqueça o azeite em uma panela e coloque os cubos de peru. Refogue um pouco, mas sem deixar dourar; adicione sal. Agregue as pápricas e misture, junte a pasta de pimentões e cozinhe em fogo branco por uns 15 minutos até a carne ficar macia e o molho um pouco grosso. Adicione o creme de leite, misture bem e corrija o tempero. Sirva com arroz, massa ou purê de legumes.

PIMENTAS

(CAPISCUM)

Naturais da América tropical, as pimentas são conhecidas desde os tempos pré-incaicos. O fruto da planta não tem parentesco com a pimenta-do-reino.

A capsaicina, que dá o ardido das pimentas, é um alcaloide muito potente se encontra no tecido placentário que envolve as sementes dentro dos frutos. Por isso se deve retirar este tecido juntamente com as sementes para deixar a pimenta menos ardente. Esse elemento estimula a circulação, ajuda a produzir endorfina, além de ser ótima fonte de vitaminas A, C e E, ácido fólico e potássio.

Na indústria, esse alcaloide é usado para preparar repelentes de insetos e pragas e é ingrediente de vários remédios contra a artrite.

Graus de ardência: existem duas escalas para se medir o grau de ardência ou picância das pimentas. Na primeira e mais precisa, desenvolvida pelo farmacologista Wilbur L. Scoville, em 1912, o grau de ardência é determinado a partir de uma solução do extrato das pimentas dissolvido em álcool: quanto maior a picância, maior a necessidade de diluição. Já na escala criada por Julie Cohn, baseada em outro método mais subjetivo, classifica-se as pimentas de 1 a 10, em que: 1, 2 e 3 são mais suaves, 4, 5, 6 e 7 são as espécies de média ardência, e 8, 9 e 10, para as muito picantes.

Variedades de pimentas e condimentos picantes em ordem decrescente de ardência

habanero, *scotch bonnet*, *bird's eye* africana

santaka, rocoto, pimenta-de-bode

piquin, caiena, tabasco, malagueta, cumari-do-pará

arbol, calabresa

jalapeño, *aji* amarelo, serrano, molho de pimenta Tabasco, pimenta-de-cheiro, dedo-de-moça

mirasol

sandia, cascavel, wax amarelo

ancho, *pasilla*

chilli em pó

cereja, páprica húngara

pimenta-redonda

páprica, americana, cambuci, pimentão

PIMENTA-MALAGUETA

GRAU 9 (CAPSICUM FRUTESCENS)

FRANCÊS: PIMENT FORT * ALEMÃO: ROTERPFEFFER * ESPANHOL: CHILLI * ITALIANO: PEPERONCINO * INGLÊS: CHILLI PEPPER

Muitas espécies de *capiscum* crescem na América do Sul e foram os espanhóis e, principalmente, os portugueses, que levaram as pimentas para a Europa e para a Ásia tropical, onde se adaptaram rapidamente. Hoje, a Índia é dos maiores produtores e consumidores de pimenta que, na origem, é sul-americana.

Destas espécies, a malagueta, ou piri-piri, como é conhecida na África e em Portugal, é muito popular. Pequenas, atingem até 3 cm, nascem verdes, ficam alaranjadas até adquirirem um vermelho intenso. Ela tem alto grau de picância e deve ser usada com cuidado, tanto fresca quanto em forma de molho.

O tradicional molho de pimenta é, em geral, feito com malagueta em todos os seus estágios: verdes, laranjas e vermelhas; e está presente em todas as mesas que servem os tradicionais pratos brasileiros, como a feijoada e os pratos de peixe, como o bobó de camarão, o vatapá e o acarajé baiano.

Outras sugestões de uso: Fazer conserva com as pimentas branqueadas, secas e colocadas em potes esterilizados, cobrir com vinagre, com sal, ou cachaça ou, para um efeito ainda mais ardente, em azeite ou óleo vegetal.

{DICA DE COZINHA}

Para trabalhar com as pimentas frescas, é importante usar luvas e tomar extremo cuidado para não colocar as mãos no rosto, principalmente nos olhos.

QUANTIDADES SUGERIDAS DE USO

MOLHO
½ colher de chá para cada 1 kg de comida pronta

FRESCA
1 pimenta fresca por 1 kg de comida crua

Molho de pimenta-malagueta
(200 ml)

Ingredientes

20 unidades de pimenta-malagueta fresca
6 colheres de sopa (100 g) de extrato de tomate
2 dentes de alho
1 pau de canela
3 cravos-da-índia
1 folha de louro
1 colher de sopa (15 g) de açúcar refinado
1 xícara de chá (250 ml) de vinagre de vinho
½ colher de chá de sal

MODO DE PREPARO

Coloque as pimentas inteiras em água fervente por dez segundos, retire e seque com pano ou papel toalha. Retire os cabinhos e abra a pimenta ao meio. Retire as sementes (para um molho mais picante deixar as pimentas com as sementes). Leve ao fogo o vinagre, o alho, o louro, o açúcar, o sal, a canela e o cravo. Deixe ferver em fogo baixo até reduzir o volume pela metade. Retire os cravos, o louro e a canela, descarte-os. Coloque o vinagre temperado e o alho no liquidificador, juntamente com as pimentas e o extrato de tomate. Bata bem e coloque em um vidro esterilizado e com tampa bem hermética. Mantenha em local fresco e escuro por pelo menos 15 dias. Mantida na geladeira depois de aberta, essa conserva dura muito mais tempo do que se for deixada à temperatura ambiente.

PIMENTA DEDO-DE-MOÇA/PIMENTA CALABRESA

GRAU 6

A pimenta dedo-de-moça, uma variação chamada *capiscum baccatum* ou *pendulum*, é uma planta anual e relativamente pequena. As flores, solitárias e brancas, dão origem às pimentas, que chegam a medir 10 cm de comprimento. É encontrada em diversas formas: inteira, moída, em conserva, seca e, quando grosseiramente picada, é conhecida como pimenta calabresa. No fruto seco, as substâncias picantes permanecem inalteradas por muitos meses, perde-se apenas um pouco das vitaminas.

De picância média, a pimenta dedo-de-moça é muito utilizada em pratos mexicanos e italianos. Pode ser usada para temperar carnes, caças, aves, frutos do mar, ovos, sopas, cremes, tomate, ricota, caldas, molhos, coberturas para saladas, picles e o famoso coquetel de suco de tomate: *bloody mary*.

Outras sugestões de uso: Cozinhe as pimentas em calda de açúcar e use-a para dar um toque especial a sobremesas preparadas com chocolate ou para realçar o sabor de uma salada de frutas.

{DICA DE COZINHA}

Fios de náilon servem para fazer cordões de pimentas dedo-de-moça que serão secas ao sol. Eles ajudam a enfeitar as cozinhas e servem para preservar as pimentas em meio seco.

QUANTIDADES SUGERIDAS DE USO DA PIMENTA CALABRESA

Salpique até ¼ de colher de chá para ½ kg de camarão

⅛ a ¼ de colher de chá em 2 xícaras de molho para pizza

⅛ a 1 colher de chá para ½ kg de carne moída

Compota de frutas picante
(rendimento: 1 kg)

Ingredientes
2 xícaras de chá (200 g) de abacaxi em cubinhos
2 carambolas em fatias
2 xícaras de chá (200 g) de polpa branca de melancia em cubinhos
2 xícaras de chá (200 g) de abóbora kabochã com casca em cubinhos
1 copo grande (300 ml) de suco de melancia peneirado
1 colher de sopa de casca de laranja em tirinhas
1 colher de sopa de casca de limão em tirinhas
100 g de gengibre picado em tirinhas finas
2 xícaras (500 g) de açúcar
2 xícaras (500 ml) de vinagre de maçã
2 paus de canela
6 unidades de pimenta-malagueta frescas
Sal a gosto

MODO DE PREPARO
Leve ao fogo uma panela pequena com cerca de ½ litro de água, um pouco de sal e as cascas de laranja e limão. Deixe ferver, escorra e despreze a água. Repita o processo mais uma vez, mas sem usar sal na segunda fervura. Escorra e reserve as cascas. Lave e seque bem as pimentas, abra-as ao meio e retire as sementes. Pique a polpa bem miúda. Coloque em uma panela de inox as frutas picadas, o gengibre, a canela, as cascas reservadas, suco de melancia, ⅔ das pimentas e deixe ferver em fogo alto por uns 15 minutos. Adicione o açúcar e o vinagre. Deixe ferver em fogo baixo por mais 30 minutos. Apague o fogo e deixe esfriar na própria panela, mantida semifechada, de um dia para o outro. Teste o cozimento das frutas e o sabor da mistura. Torne a levar a panela ao fogo e deixe ferver novamente. Cozinhe em fogo baixo até que a calda engrosse um pouco e as frutas fiquem translúcidas. Corrija a doçura, a acidez e o ardume, colocando um pouco mais de açúcar, vinagre ou pimenta. Guarde em vidros esterilizados ou consuma com assados, grelhados ou frituras.

PIMENTA ROSA

GRAU: 2 (SCHINUS TEREBINTHIFOLIUS)
FRANCÊS: POIVRE ROSE * **ALEMÃO:** BLASSROTER PFEFFER * **ESPANHOL:** PIMIENTA ROSA * **ITALIANO:** PEPE ROSA * **INGLÊS:** PINK PEPPERCORNS

Nativa da América do Sul, a árvore conhecida como aroeira também cresce nos países do oceano Índico. A pimenta rosa não deve ser confundida com as pimentas verdadeiras (preta, branca e verde) para a culinária. Ela é um interessante ingrediente, mas suas sementes não são picantes o suficiente para substituir as originais.

Têm um efeito muito bonito na decoração de pratos. Não têm aroma pungente, mas quando são quebradas, exalam um cheiro doce e picante. Deve ser usada com parcimônia, pois em grandes quantidades pode causar efeitos nocivos. É recomendado limitar seu uso entre 12 a 15 sementes para cada prato individual.

É frequentemente colocada em moinhos de pimenta, misturada a outras variedades. É muito popular no tempero para peixes e na cozinha do Mediterrâneo. Vai bem com queijos, carnes vermelhas, saladas, e espalhada sobre pratos cozidos, bem como em massas e sopas. No acabamento do suco de tomate, é a um tempo decorativa e aromática.

Outras sugestões de uso: Fica deliciosa ao se temperar salmão fresco com mostarda e mel; combina bem com molhos adocicados à base de frutas cítricas.

{DICA DE COZINHA}
Pitadas de pimenta-rosa ajudam a realçar sabores de frutas frescas, como o morango, o melão e a manga.

QUANTIDADES SUGERIDAS DE USO
½ colher de chá em 1 kg de peixe

¼ de colher de chá em saladas

Fettuccine requintado
(4 porções)

Ingredientes
600 g de *fettuccine* fresco
200 g de salmão defumado em tirinhas
200 g de presunto cru em tirinhas
1 xícara de chá (250 ml) de creme de leite fresco
½ copo americano (100 ml) de vinho branco seco
2 colheres de sopa (30 ml) de vodca
1 cebola média picadinha
2 tomates sem pele e sem sementes picadinhos
2 colheres de sopa (30 g) de manteiga
1 colher de sopa de salsinha picadinha
1 colher de chá de pimenta rosa grosseiramente quebrada
Sal a gosto

MODO DE PREPARO
Derreta a manteiga e refogue a cebola até ficar transparente. Adicione o presunto e refogue por mais uns três minutinhos; junte a vodca, flambe e acrescente os tomates e o vinho branco. Deixe cozinhar até o vinho evaporar e os tomates começarem a se desmanchar. Junte o creme de leite, deixe ferver e engrossar um pouco. Junte o salmão, a salsinha e a metade da pimenta rosa. Prove o tempero e agregue sal, caso seja necessário, pois tanto o presunto quanto o salmão já são salgados. Cozinhe a massa em outra panela, com pelo menos 6 litros de água fervente e salgada, até ficar *al dente*. Escorra e junte ao molho. Coloque nos pratos e salpique por cima com o restante da pimenta.

PIMENTA-DA-JAMAICA

GRAU: 1 (PIMENTA DIOICA)
FRANCÊS: TOUT-ÉPICE * ALEMÃO: JAMAIKAPFEFFER * ESPANHOL: PIMIENTA DE JAMAICA * ITALIANO: PEPE DI GIAMAICA * INGLÊS: ALLSPICE

Também chamada de pimentão-da-jamaica, é nativa da América do Sul e Central. Descoberta por Colombo em 1494, mas não reconhecida como especiaria à época, foi introduzida na Europa no início do século 17.

Por ser uma árvore muito aromática, as bagas da pimenta-da-jamaica têm, em média, o dobro do tamanho da baga da pimenta-do-reino; são de cor verde antes de amadurecerem. O fruto, quando seco ao sol, escurece até ficar de cor marrom-avermelhada. Pode ser encontrada moída, mas se dá preferência a seu uso inteiro ou triturado para que todo o seu aroma transpareça. O sabor é complexo, lembrando uma mistura de cravo, canela e noz-moscada e levemente picante, intensificando-se com o tempo.

A pimenta-da-jamaica apresenta um uso versátil. Inteira, pode ser empregada em sopas, assados, molhos, marinadas, bebidas, beterraba em conserva, frutas assadas e em ponches; peixes ou frutos do mar. Moída, pode ser adicionada a bolos, doces, pudins, tortas de frutas, carnes, assados de panela, *ketchup*, molho de tomate e molho para churrasco.

Outras sugestões de uso: Ela dá um sabor especial ao *ganache* de chocolate para fazer trufas e patês de fígado de galinha, que ficam mais saborosos temperados com pimenta-da-jamaica.

{DICA DE COZINHA}
Na falta da pimenta-da-jamaica, use uma mistura feita com duas medidas de canela em pó, uma medida de cravo em pó e uma medida de noz-moscada em pó.

QUANTIDADES SUGERIDAS DE USO

¼ a 1 colher de chá em mistura para bolo	
⅛ de colher de chá para ½ kg de carne moída	

Creme de couve-flor, gorgonzola e frutas secas
(4 porções)

Ingredientes
800 g de couve-flor em buquês
1 litro de leite desnatado
150 g de gorgonzola picadinho
2 copos americanos (400 ml) de creme de leite
3 damascos secos picados em tirinhas
3 ameixas secas picadas em tirinhas
12 amêndoas torradas picadas em lâminas (opcional)
1 colher de chá de pimenta-da-jamaica em pó
Sal a gosto

MODO DE PREPARO
Cozinhe a couve-flor em água fervente por 10 minutos e escorra. No copo do liquidificador, coloque a couve-flor, a pimenta-da-jamaica e bata com o leite até formar um creme bem liso. Leve o creme obtido ao fogo até ferver, junte o gorgonzola e o creme de leite, misture bem até todo o queijo estar derretido e a sopa bem cremosa. Corrija o tempero com sal. Distribua a metade das ameixas, dos damascos e das amêndoas no fundo da taça ou prato fundo e acrescente a sopa quente. Decore com as frutas secas restantes e polvilhe com a pimenta.

PIMENTA-DO-REINO

GRAU: 3 (PIPER NIGRUM)

FRANCÊS: POIVRE * ALEMÃO: PFEFFER * ESPANHOL: PIMIENTA * ITALIANO: PEPE * INGLÊS: PEPPER

Nativa da Índia, o maior produtor mundial, a pimenta-do-reino é a especiaria mais popular do mundo e uma das primeiras introduzidas na Europa. A era dos grandes descobrimentos muito deve à necessidade da procura por essa especiaria que faz tanta falta quanto o sal no tempero básico de todos os alimentos.

A pimenta-do-reino é o fruto que uma trepadeira produz e que, quando verde, pode ser colhido e utilizado em salmoura, ou seco ao sol, tornando-se preto, que é a forma mais popular. Quando amadurecem, os frutos tornam-se avermelhados, são colhidos e lavados, para se retirar a casca. E só então, secos, resultam no grão da pimenta-do-reino branca. Ambos podem ser utilizados em grão ou em pó.

Hoje, a cultura está disseminada por todo o mundo; é possível encontrar grandes produtores nos cinco continentes.

Sempre que possível, prefira moer a pimenta-do-reino no momento da refeição em moedores apropriados. Use a verde e a preta em carnes vermelhas, e a branca em molhos e carnes brancas.

Por não ter uma picância alta, pode ser utilizada em praticamente todos os pratos, incluindo, por exemplo, um tradicional bolo alemão de Natal.

Outras sugestões de uso: Capaz de realçar, sem ser ardida, os sabores de frutas frescas, frutas em compota, molhos agridoces, produtos de chocolate, e muitos outros.

{DICA DE COZINHA}

Para triturar bem as pimentas-do-reino, coloque-as dentro de um saco plástico, feche o saco deixando espaço para as pimentas ficarem achatadas. Coloque o saco dentro de um pano de prato dobrado e use um martelo ou similar.

QUANTIDADES SUGERIDAS DE USO

Moída (preta)
$1/8$ a $1/2$ colher de chá em mistura para bolo temperado

$1/8$ a $1/2$ colher de chá em atum para salada

Moída (branca)
$1/8$ a $1/4$ de colher de chá em 2 xícaras de purê de batatas

Molho agridoce de três pimentas
(rendimento: ½ litro)

Ingredientes
1 copo grande (300 ml) de suco de abacaxi
1 copo grande (300 ml) de suco de melancia
½ copo americano (100 ml) de suco de maracujá
1 colher de sopa de semente de urucum ou colorau
2 maçãs verdes
1 xícara de chá (200 g) de açúcar
1 copo grande (300 ml) de vinagre de maçã
3 colheres de sopa de gengibre picadinho
1 colher de sopa de pimenta calabresa
1 colher de sopa de pimenta-do-reino preta em grãos inteiros
1 colher de sopa de pimenta-do-reino branca em grãos triturados
4 cravos-da-índia
2 colheres de sopa de amido de milho
Sal a gosto

MODO DE PREPARO
Descasque as maçãs e reserve as cascas e os miolos com as sementes. Aqueça um pouco o urucum e a pimenta-do-reino preta em uma panela seca, junte os sucos de melancia e de maracujá, misture e adicione o gengibre, as cascas e os miolos das maçãs. Bata as polpas das maçãs com o suco de abacaxi e junte à panela. Ferva até reduzir o caldo pela metade. Passe tudo por uma peneira, sem pressionar, aproveitando apenas o caldo que escorre naturalmente. Deixe escorrer bem. Torne a levar o caldo à panela limpa e deixe ao fogo baixo; adicione o açúcar, o vinagre, a pimenta calabresa e a pimenta-do-reino branca. Cozinhe retirando as espumas que se formam. Deixe reduzir até obter ½ litro. Dissolva o amido de milho em um pouco de água e despeje no molho, misture rapidamente para não formar grumos e deixe o molho mais grosso, cobrindo as costas de uma colher. Versátil e delicioso, este molho pode ser servido com salgadinhos em coquetéis ou para acompanhar carnes, aves, peixes e legumes grelhados.

POEJO

(MENTHA PULEGIUM) **FRANCÊS:** MENTHE POULIOT * **ALEMÃO:** POLEI MINZE * **ESPANHOL:** POLEO * **ITALIANO:** MENTA POLEGGIO * **INGLÊS:** PENNYROYAL

Mais uma variedade da família das mentas, o poejo é uma planta rasteira, de origem europeia, e de suas folhas exala-se uma forte fragrância similar à do hortelã. Seu óleo essencial é utilizado na medicina chinesa, por seu efeito digestivo, expectorante e antiespasmódico, e na aromaterapia. Mas são também ervas tradicionais na culinária, e já os antigos gregos saborizavam o vinho e várias receitas utilizando o poejo como foi descrito por Apicius (autor do famoso livro de receitas da Roma Antiga), combinando-o com outras ervas, como o orégano e o coentro.

A palavra *pulegium* vem de *pulex*, que em latim quer dizer pulga. Antigamente costumava-se queimar o poejo dentro das casas para repelir insetos.

As folhas de poejo são muito utilizadas na culinária como condimento para carnes de sabor forte, como ovelha, carneiro, cabrito, ou ainda para finalizar e decorar os pratos. O chá feito com suas folhas é muito apreciado desde a Idade Média por ser muito refrescante.

Outras sugestões de uso:
Dá um sabor especial às almôndegas de carne; acrescenta um sabor delicioso na pera cozida no vinho.

{DICA DE COZINHA}
Faça um pesto refrescante triturando poejo, coentro, azeite e castanha de caju.

QUANTIDADES SUGERIDAS DE USO

10 folhas com galho para 300 ml de água para o chá

5 folhas no cozimento de 500 g de carnes

Sopa gelada de melão com poejo
(4 porções)

Ingredientes
1 melão maduro e firme
5 colheres de sopa (60 g) de açúcar ou o equivalente em adoçante
1 colher de sopa de poejo
1 colher de café de gengibre em pó
1 colher de sopa de gim

MODO DE PREPARO
Descasque e retire as sementes do melão, corte a metade do melão em cubinhos uniformes. Bata a outra metade no liquidificador, juntamente com o gengibre, o poejo, o açúcar e o gim. Coloque os cubinhos de melão em uma vasilha funda, cubra com a calda e leve à geladeira por algumas horas.

RAIZ-FORTE

(ARMORACIA RUSTICANA) **FRANCÊS:** RAIFORT * **ALEMÃO:** MEERRETTICH * **ESPANHOL:** RÁBANO PICANTE * **ITALIANO:** RAFANO * **INGLÊS:** HORSERADISH

Acredita-se que a raiz-forte tenha sua origem na Europa Central até o leste, incluindo países como a Rússia e a Polônia. É uma planta da família da mostarda e suas raízes brancas quando inteiras não têm nenhum sabor, porém, quando raladas, exalam um odor penetrante e muito picante que chega a fazer os olhos lacrimejarem. As raízes crescem mais no outono e julga-se que seu sabor aumenta com o clima frio.

Conhecida há pelo menos 3 mil anos, a raiz-forte era inicialmente utilizada por suas qualidades medicinais, como poderoso afrodisíaco, em xaropes expectorantes, e até como remédio contra o reumatismo. Seu uso culinário vem desde a Idade Média e passou a ser muito popular na Inglaterra no fim do século 17.

Popular em toda a faixa geográfica aqui referida, existem duas variedades mais comuns de raiz-forte: a vermelha, quando é misturada com beterraba, e a branca, que é a raiz ralada pura. Servi-la à mesa é uma tradição na Páscoa cristã e do *Pessach* judaico. A vermelha quase sempre acompanha o *gefiltefish*, rosbifes e carnes de carneiro e porco. É ótima na preparação de molhos para coquetel, para temperar vinagre e para dar sabor à mostarda pronta. Salsichas, arenques e saladas cruas, como as de pepino e de rabanete, também vão bem acompanhados de raiz-forte.

A raiz-forte em pó misturada com amido de milho, mostarda em pó e corante verde, faz o que é chamado de *wasabi*, mas trata-se de uma imitação. O verdadeiro *wasabi* é de outro tipo de planta, que quando ralada fresca torna-se uma pasta de cor verde viva, com um aroma muito pungente e sabor picante. O *wasabi* é raro e muito caro, mesmo no Japão, pois a oferta é pequena enquanto a demanda é gigantesca. Daí o porquê do falso *wasabi* ter dominado o mercado, mesmo sendo de qualidade inferior. Do verdadeiro, só tem um pouco da pungência e a cor, mesmo assim, artificial.

Outras sugestões de uso:
Dá um sabor delicado quando diluída em purê de legumes. Misturada com iogurte e ovos faz uma deliciosa cobertura para gratinados.

{DICA DE COZINHA}
Misturada com creme, faz uma ótima guarnição para carnes frias; com manteiga, é ótima para grelhados.

QUANTIDADES SUGERIDAS DE USO

1 colher de sopa para 1 litro de molho de raiz-forte

½ colher de chá para 1 kg de galinha

¼ de colher de chá para ½ kg de carne

Suflê de chuchu com salmão defumado e raiz-forte
(4 porções)

Ingredientes
½ kg de chuchu descascado e ralado no ralo grosso
200 g de salmão defumado em tirinhas
200 g de *cream cheese*
4 ovos (claras e gemas separadas)
1 copo grande (300 ml) de leite integral
2 colheres de sopa de farinha de trigo
2 colheres de sopa de manteiga
2 colheres de sopa de queijo parmesão ralado
2 colheres de sopa de salsinha picadinha
1 colher de chá de raspas de laranja
1 colher de chá de raiz-forte
Sal e pimenta-do-reino a gosto

MODO DE PREPARO
Leve ao fogo uma panela com cerca de 2 litros de água. Quando ela ferver, junte o chuchu ralado e deixe cozinhar por 30 segundos. Esfrie em água com gelo. Escorra e seque com um pano limpo. Reserve. Derreta a manteiga em uma panela, junte a farinha de trigo e a raiz-forte. Mexa bem, acrescente o leite e misture para não formar grumos. Quando o creme engrossar, retire do fogo e junte o *cream cheese*. Deixe esfriar um pouco. Junte as gemas ao creme já quase frio e misture. Adicione o salmão em tirinhas, a salsinha, as raspas de laranja e o chuchu bem escorrido. Bata as claras em neve e junte-as ao creme, misturando com cuidado em movimentos de baixo para cima com uma colher grande até as claras ficarem bem incorporadas. Unte uma tigela com manteiga e polvilhe com parmesão ralado. Despeje o creme na fôrma e asse a 200°C por cerca de 40 minutos ou até ficar dourado.

SALSA

(PETROSELINUM CRISPUM) **FRANCÊS: PERSIL** * **ALEMÃO: PETERSILIE** * **ESPANHOL: PEREJIL** * **ITALIANO: PREZZEMOLO** * **INGLÊS: PARSLEY**

A salsa é, provavelmente, a erva mais popular do mundo, e é utilizada desde o século 3 a.C. Hoje, é cultivada em todas as regiões temperadas do mundo. Os antigos gregos a utilizavam nos funerais como símbolo da morte. Para os romanos, era também símbolo de proteção e de purificação e carregavam um ramo de salsa espetado em suas togas e talvez tenham sido os primeiros a utilizá-la na decoração dos pratos, quando a adicionavam para se protegerem de doenças.

Da família do aipo, é excelente fonte de vitamina C e minerais, tem aroma suave e agradável, capaz de suavizar o odor que a cebola e o alho deixam no hálito. Além disso, possui algumas propriedades medicinais que fazem bem aos pulmões, estômago, bexiga e fígado. Sua qualidade diurética limpa os rins e ajuda o corpo a não formar gases.

Existem algumas variedades, mas as duas mais conhecidas são a de folhas crespas e a de folhas lisas, originárias do Mediterrâneo e de sabor mais forte e menos amargo.

Mistura-se bem a todas as outras ervas. É empregada para decorar pratos e para realçar o sabor na maioria das receitas, exceto as de doces.

Essa erva, de sabor suave, é usada frequentemente dentro e sobre as comidas. Ornamenta e dá sabor a canapés, sopas, saladas verdes, salada de couve, pães, molhos de ervas e manteiga, tomate e carne, recheios para peixes e carnes, em peixe frito ou grelhado, carnes e aves. Na cozinha francesa, faz parte do *bouquet garni*, com o tomilho e o louro, e é uma das ervas finas (*fines herbes*).

Um dos exemplos em que ela fica mais saborosa é no *tabouli*, uma salada refrescante, típica da região do Oriente Médio, onde a salsa é adicionada ao trigo *bulgur*, cebolinha, hortelã ou menta, suco de limão e azeite. Bem picada e misturada, forma uma pasta muito saborosa para besuntar carnes, sobretudo o frango e o carneiro. Abuse da salsa em sopas e molhos de tomate. E para decorar todos os tipos de pratos pode ser salpicada sobre eles na hora de ir para a mesa.

Outras sugestões de uso:
Reativa a cor e dá mais sabor a uma limonada suíça; a salsa crespa frita da sabor e colorido misturada com outras frituras.

{DICA DE COZINHA}
Se for fazer parte de um molho claro, prefira os talos ou a planta inteira às folhas picadinhas, assim o molho ficará com o gosto, mas não se tingirá de verde.

QUANTIDADES SUGERIDAS DE USO

2 a 4 colheres de chá em pacote de macarrão ou 3 xícaras de arroz cozido

1 a 2 colheres de chá em 2 a 3 xícaras de molho de tomate

¼ a 1 colher de chá para ovos mexidos ou omelete

Salsinha decorativa
(4 porções)

Ingrediente
1 maço grande de salsinha

MODO DE PREPARO
Separe as folhas dos talos; use os talos para um caldo, ou pique miudinho para alguma salada ou sopa. Pique finamente as folhas com uma faca bem afiada. Coloque a salsa picada no centro de um pano de prato, faça uma espécie de trouxinha e torça bem para retirar o suco (ele pode ser aproveitado como corante verde). Coloque a trouxinha bem fechada debaixo da água corrente e lave até a água ficar limpa.
Torça bem para secar, passe para uma vasilha seca e use para polvilhar sobre diversos tipos de pratos.

SÁLVIA

(SALVIA OFFICINALIS) FRANCÊS: SAUGE * ALEMÃO: SALBEI * ESPANHOL E ITALIANO: SALVIA * INGLÊS: SAGE

Nativa da costa do norte do Mediterrâneo, provavelmente na região da Iugoslávia, e muito difundida em todas as cozinhas europeias, foi usada com finalidades medicinais na Idade Média. Gregos, romanos e árabes usavam a sálvia na medicina, como um tônico geral e contra as mordidas de cobras, irritações na pele e no clareamento dos dentes. Por isso, hoje é ingrediente de alguns cremes dentais. Não se sabe quando seu emprego culinário se sobrepôs ao uso na medicina, mas certamente ela já ganhou seu lugar na cozinha há vários séculos.

Existem algumas variedades: a sálvia vermelha é uma variação da sálvia branca (ou verde), que tem as folhas mais largas, e são mais usadas por seus poderes curativos; e a sálvia branca, de folhas menores indicada para uso culinário.

Seu nome vem do latim *salvere*, que significa "ser salvo", referindo-se portanto a seu poder de cura, tão importante na antiguidade.

A sálvia tem folhas longas e aveludadas, semelhantes às da menta, porém de cor acinzentada, muito aromáticas e levemente azedas. Seu aroma é uma agradável mistura de pinho e cítricos. É uma das poucas ervas cujo aroma se torna mais forte quando seca. Por possuir um aroma muito forte, as versões secas e moídas devem ser usadas discretamente.

Tempero típico da cozinha italiana, só recentemente está sendo usada entre nós. A sálvia tempera divinamente carnes de porco, carneiro e vitela, além de ser muito conhecida por seu uso nos recheios para aves, peixes, patos, gansos e outras carnes, e de estar sempre presente na fabricação comercial de salsicha. Também vai bem com vegetais, como na clássica combinação italiana de berinjela com tomate. E pode ser aplicada em sopas, cremes, *waffles*, biscoitos.

Outras sugestões de uso:
Frita em manteiga quente, ela faz um molho delicioso para servir com massa, combinação simples e perfeita; fica deliciosa misturada com purê de abóbora e parmesão para rechear raviólli.

{DICA DE COZINHA}
Passadas em uma massa de fritar, as folhas maiores de sálvia se transformam em um delicioso tira-gosto.

QUANTIDADES
SUGERIDAS DE USO

¼ de colher de chá a 1 colher de sopa em 6 xícaras de molho para churrasco

½ colher de chá para ¼ de xícara de farinha para empanar carnes

Sopa creme de abóbora com sálvia frita
(4 porções)

Ingredientes
800 g de abóbora kabochã (japonesa) descascada, sem sementes e picada
1,5 litro de caldo de galinha
1 xícara de chá (250 ml) de creme de leite
4 colheres de sopa de *creme cheese*
1 colher de chá de sálvia seca
32 folhas de sálvia fresca
4 colheres de sopa de manteiga
Sal e pimenta-do-reino a gosto

MODO DE PREPARO
Coloque o caldo e as folhas secas de sálvia em uma panela e deixe ferver por 5 minutos. Junte os cubos de abóbora ao caldo. Cozinhe até a abóbora ficar macia. Bata com um *mixer* ou no liquidificador. Torne a levar o creme de abóbora ao fogo e deixe ferver até engrossar um pouco. Junte o creme de leite e misture bem. Prove e corrija o tempero com sal e pimenta-do-reino a gosto. Aqueça a manteiga até começar a dourar, junte as folhas frescas de sálvia e frite até elas ficarem crocantes. Escorra em papel de cozinha e polvilhe com sal. Distribua a sopa por 4 pratos fundos ou taças, coloque no centro delas uma colherada de *cream cheese* e distribua as folhas de sálvia, por cima. Esta sopa pode ser servida quente ou gelada.

SASSAFRÁS

(SASSAFRAS OFFICINALIS) FRANCÊS E INGLÊS: SASSAFRAS * ALEMÃO: FENCHELHOLZBAUM * ESPANHOL: SASAFRÁS * ITALIANO: SASSAFRASSO

Nativo da América do Norte, acredita-se que a árvore do sassafrás tenha sido a primeira planta medicinal americana a chegar à Europa, havendo registro desta importação a partir de 1564. Suas raízes e cascas têm sido utilizadas medicinalmente, como fonte de corante amarelo, para aromatizar perfumes e sabonetes e saborizar bebidas. Os índios Choctaw que habitavam a região Sul dos Estados Unidos – Flórida, Louisiana, Mississippi e Alabama – secavam e moíam as folhas de sassafrás para vender nos mercados de Nova Orleans, não só como condimento, mas sobretudo como espessante para sopas e guisados.

O uso mais popular das folhas de sassafrás é como um espessante no *gumbo*, uma receita *creole* de consistência pastosa. Prato típico da Louisiana, o *gumbo* consiste em um caldo de carnes ou mariscos, com vegetais, principalmente com quiabo e temperado com típica mistura de aipo, pimentões e cebolas (chamados de "santa trindade" da culinária regional).

O sassafrás fica pastoso quando fervido, e a pasta deve ser adicionada ao cozimento quando a panela ou recipiente forem retirados do aquecimento, sempre alguns minutos antes de servir.

Outras sugestões de uso:
O sassafrás dá sabor e consistência a ensopados, como em uma caldeirada de peixes e frutos do mar ou mesmo em uma galinha ao molho pardo à mineira.

{DICA DE COZINHA}
O tempero chamado *filé powder* é uma mistura de sassafrás, sementes de coentro, sálvia e pimenta-da-jamaica.

QUANTIDADES SUGERIDAS DE USO

1 ½ colher de sopa para 3 xícaras de arroz na preparação do *gumbo*

1 a 2 colheres de sopa para 1 litro de água para sopas

Jambalaia
(4 porções)

Ingredientes

2 coxas e sobrecoxas de frango picadas à passarinho (temperar com sal e pimenta-do-reino)
100 g de paio de boa qualidade
100 g de presunto cozido em uma peça só (picar em cubos)
100 g de bacon com bastante carne (em um único pedaço)
200 g de camarão médio com casca
200 g de arroz agulhinha (lavado e escorrido)
1 cebola média picada
1 talo de salsão picado
½ pimentão vermelho picado
2 tomates picados (*concassê*)
2 dentes de alho picado
2 colheres de azeite de oliva
⅓ de colher de café de pimenta caiena ou calabresa
1 colher de café de tomilho
1 colher de café de orégano
1 colher de café de cominho em pó
½ colher de café de pimenta-do-reino branca
2 folhas de louro
1 colher de sopa de sassafrás
½ maço de cebolinha verde para decorar
Sal a gosto

MODO DE PREPARO

Pique o bacon e o presunto em cubos de 1 cm, o paio em meias rodelas não muito grossas; leve ao fogo em uma panela grande com o azeite. Aqueça a panela para que o bacon, o presunto e o paio soltem bem suas gorduras – quando começarem a dourar, retire as carnes e reserve. Na mesma panela, refogue a cebola picada, o alho, o pimentão e o salsão; assim que os legumes começarem a ganhar cor, junte o frango (temperado com sal) e refogue bem até dourar. Enquanto isso, limpe os camarões e faça um caldo das cascas (600 ml). Junte os temperos, ⅓ do caldo, o bacon, o presunto e o paio. Cozinhe até o frango ficar macio e com pouco líquido. Adicione os tomates, o restante do caldo e o arroz. Tempere com sal e cubra a panela. Tempere os camarões com sal e junte-os à panela com o sassafrás quase antes de o arroz secar; misture e volte a tampar a panela assim que o camarão estiver rosado, em cerca de 3 a 5 minutos. Para servir, salpique cebolinha verde picadinha por cima.

SEGURELHA

(SATUREIA HORTENSIS) **FRANCÊS:** SARRIETE * **ALEMÃO:** BONHENKRAUT * **ESPANHOL:** AJEDREA DE JARDÍN * **ITALIANO:** SANTOREGGIA * **INGLÊS:** SAVORY

Oriunda da região mediterrânea, tem sabor levemente picante, que lembra o tomilho, apenas um pouco mais amargo.
A planta precisa do sol para se desenvolver. Os romanos já usavam a segurelha para um molho vinagrete, e foi inclusive descrita pelo poeta Virgílio como uma das ervas mais aromáticas. Ele recomendava que fossem plantadas próximas a colmeias, pois suas folhas aliviavam a dor da picada das abelhas. Hipócrates, considerado o "pai da medicina", em seus manuscritos, fala das propriedades medicinais da segurelha, não apenas como aromatizante de remédios, mas como útil nos casos de cólica, gases e como expectorante.

Foram provavelmente os romanos que levaram a segurelha para a Inglaterra, nos tempos dos césares. E de lá vieram para as Américas. Há duas variedades conhecidas: a segurelha de verão e a de inverno. As duas variedades podem ser usadas na culinária, apesar de alguns acharem que a de inverno é de qualidade inferior. Mas apenas a segurelha de verão é utilizada para fins medicinais.

É recomendada para quem precisa evitar o sal, pois suas folhas têm um aroma forte e condimenta a comida.

É uma das *herbes de provence*, a famosa mistura francesa. Muito utilizada em carnes recheadas, peixe (sobretudo a truta), tomates ao forno, sobre pizzas e em grelhados. Vai bem em pratos com ovos, molhos, sopas, marinadas, bolo de carne e hambúrgueres.

Outras sugestões de uso:
As leguminosas, lentilhas, ervilhas e feijões são seus melhores parceiros; combinam com frangos, cordeiros e carnes grelhadas, além de muitas preparações à base de ovos.

{DICA DE COZINHA}
Cai bem em recheios de farofa para peixes, aves ou carnes.

QUANTIDADES SUGERIDAS DE USO

¼ a ½ colher de chá em ½ kg de carne moída

Salpique ¼ de colher de chá em 3 xícaras de *consommé*, sopa de creme de peixe ou ervilha

Champignons recheados com segurelha
(4 porções)

Ingredientes
12 champignons grandes (de pelo menos 5 cm de diâmetro)
4 colheres de sopa (60 g) de manteiga derretida
4 fatias de pão de fôrma sem casca
2 dentes de alho picadinhos
1 colher de sopa de segurelha picadinha
2 colheres de sopa de queijo ralado (parmesão ou minas curado)
50 ml de vinho branco seco
Sal e pimenta-do-reino a gosto

MODO DE PREPARO
Com uma escovinha, limpe bem os champignons. Retire os talos e pique-os bem miúdo. Triture as fatias de pão em um processador até ficar uma farofa grosseira. Reserve. Aqueça a metade da manteiga em uma frigideira, refogue o alho por uns 2 minutos, agregue os talos picadinhos e refogue por uns 3 minutos. Junte a segurelha e mexa, agregue o vinho branco, o restante da manteiga e o farelo de pão. Misture e tempere com sal e pimenta-do-reino. Deve ficar como uma farofa úmida. Tempere os champignons com sal e pimenta-do-reino; recheie cada um deles com a farofa bem comprimida e coloque em um tabuleiro. Leve ao forno a 160°C por cerca de 20 minutos, ou até os champignons ficarem macios e os recheios tostadinhos. Sirva como entrada quente vegetariana ou como um canapé quente em um coquetel.

SUMAGRE

(RHUS CORIORIA) FRANCÊS E INGLÊS: SUMAC * ALEMÃO: SUMACH * ESPANHOL: ZUMAQUE * ITALIANO: SOMMACCO

Com folhas que assumem uma linda cor vermelha no outono, o sumagre é um arbusto altamente decorativo. Cresce como planta selvagem por todo o Oriente Médio. Enquanto no Ocidente o consideram apenas ornamental, os cozinheiros do Líbano, Síria, Turquia e Irã têm em grande conta as espigas das brilhantes bagas vermelhas que ele produz. Essas bagas, de cor vermelho-tijolo, quando secas, são amargas, e têm sabor bastante adstringente e a acidez própria de fruta, mas sem a aspereza do vinagre ou do limão. Eram até usadas pelos romanos como substituto dos limões quando esses ainda não eram comuns na Europa.

As sementes dessas bagas podem ser moídas ou quebradas e deixadas de molho para se extrair seu sumo para usá-lo, por exemplo, para se fazer um refresco comum no Oriente Médio. Misturado com iogurte e ervas aromáticas, faz um molho leve e refrescante.

Apesar de hoje em dia ser uma especiaria pouco utilizada na cozinha europeia, é ingrediente de importantes misturas na região do Oriente Médio, por exemplo no popular *zathar*, quando é usado com sementes de gergelim torradas e tomilho moído e pode ser espalhado sobre almôndegas de carne ou vegetais. E quando acrescentamos azeite a esta mistura, faz uma deliciosa pasta que pode ser servida com pão como aperitivo. Vai bem com peixe, saladas vegetais, arroz, frangos e pratos de carne.

Outras sugestões de uso:
Misturado com orégano e azeite faz um delicioso tempero para espetinhos de frango; reforça o sabor, quando salpicado sobre abacaxi fresco.

{DICA DE COZINHA}
O sumo do sumagre é ótimo para substituir o vinagre ou suco de limão para fazer um molho vinagrete à base de frutas.

QUANTIDADES SUGERIDAS DE USO

½ colher de chá em 1 ½ kg de peixe

¾ de colher de chá para 1 kg de carne ou *kebabs*

Salada de beterraba, queijo de cabra, nozes e sumagre
(4 porções)

Ingredientes
2 beterrabas médias
200 g de queijo de cabra
2 molhos de chicória *frisê*
100 g de nozes descascadas
2 colheres de sopa de açúcar
⅓ de xícara de chá (80 ml) de azeite
    de oliva extravirgem
2 colheres de sopa (30 ml) de aceto balsâmico
1 colher de café de mostarda de Dijon
1 colher de chá de sumagre
Sal e pimenta-do-reino a gosto

MODO DE PREPARO
Lave bem as beterrabas e asse-as com casca no forno médio, até ficarem macias (cerca de 1 hora) ou por cerca de 15 minutos no micro-ondas; deixe esfriar, descasque, corte em tiras grossas e depois em cubos. Reserve. Aqueça as nozes em uma frigideira de teflon, assim que começarem a dourar, junte o açúcar e deixe caramelizar. Retire do fogo e deixe esfriar. Lave bem as folhas de chicória e seque-as. Prepare o molho misturando o azeite, o balsâmico, a mostarda e o sal; bata com um garfo até ficar cremoso. Pique o queijo de cabra em fatias ou cubos. Coloque parte das folhas em uma tigela funda, espalhe por cima os pedaços de beterraba, queijo, nozes. Repita o processo formando outra camada. Regue a salada com o molho, polvilhe o sumagre por cima e sirva.

TOMILHO

(THYMUS VULGARIS) FRANCÊS: THYM * ALEMÃO: THYMIAN * ESPANHOL: TOMILHO * ITALIANO: TIMO * INGLÊS: THYME

Nativo da região do Mediterrâneo, é cultivado ao sul da Europa e nos Estados Unidos. Largamente usado na Grécia, dali chegou a outros países mediterrâneos. Em condições mais secas, a concentração do óleo essencial pode aumentar, produzindo uma erva mais potente.

Na Antiguidade, os médicos e químicos assírios reconheceram as propriedades medicinais do tomilho, que era usado para fumigações, além de dar sabor ao queijo e ao licor dos povos gregos e romanos.

A França é o grande produtor de tomilho, sendo o tomilho francês e o tomilho limão as duas variedades mais importantes comercialmente, entre as mais de cem existentes.

É uma planta de folhas verde-acinzentadas e disponível também em folhas secas e moídas. Ingrediente fundamental com o louro e a salsa no *bouquet garni*. Seu aroma pungente de madeira cítrica é usado para dar sabor ao licor Bénédictine.

Vai particularmente bem em pratos de carne mais pesados, que exigem longos períodos de cozimento; pratos ensopados ou estufados sempre combinam bem com tomilho. Ele costuma ser adicionado a pratos com legumes, queijos e diversos outros ingredientes.

Outras sugestões de uso:
Fica delicioso para acompanhar queijo de cabra quente com mel; dá um sabor especial a um figo maduro cozido com vinho do Porto.

{DICA DE COZINHA}
Ao cozinhar usando tomilho, procure adicioná-lo no início do processo para que seus óleos e, portanto todo o seu sabor, tenha tempo para ser completamente liberado.

QUANTIDADES SUGERIDAS DE USO

¼ a ½ colher de chá para ½ kg de fígado

¼ a ½ colher de chá para 2 kg de galinha para assado

¼ a ½ colher de chá para 700 g de bife

Focaccia de baroa e tomilho
(2 unidades)

Ingredientes

250 g de batata-baroa (mandioquinha) cozida e amassada
½ xícara de chá (120 ml) azeite
1 ovo inteiro
1 gema
4 xícaras de chá (500 g) de farinha de trigo
30 g de fermento fresco
1 copo grande (300 ml) de leite
1 colher de sopa de açúcar
1 colher de sopa de sal grosso para polvilhar
100 g de parmesão ralado grosso para polvilhar
1 colher de chá de tomilho seco para a massa
1 colher de sopa de tomilho fresco para polvilhar

MODO DE PREPARO

Coloque em uma bacia a farinha de trigo, a batata-baroa amassada, o açúcar, o ovo, a gema, o fermento e amasse bem, juntando o leite aos poucos. Trabalhe a massa até formar uma bola lisa e homogênea. Cubra com um filme plástico e deixe descansar por 30 minutos. Volte a trabalhar a massa, incorporando o sal, o tomilho da massa e o azeite. Amasse bem até o azeite ser absorvido. Deixe descansar por mais 30 minutos. Parta a massa em dois pedaços iguais, boleie e depois abra com um rolo em um formato oval com 1 cm de espessura. Transfira a massa para um tabuleiro polvilhado com farinha de trigo. Cubra com um pano e deixe crescer até dobrar de volume. Marque a massa com as pontas dos dedos formando depressões. Regue com mais um pouco de azeite, polvilhe com sal grosso, queijo parmesão e tomilho fresco. Asse a 200°C por cerca de 30 minutos ou até ficar dourada e macia.

ZIMBRO

(JUNIPERUS COMMUNIS) **FRANCÊS: GENIÈVRE * ALEMÃO: WACHOLDER * ESPANHOL: ENEBRO * ITALIANO: GINEPRO * INGLÊS: JUNIPER**

A espécie de zimbro usada como condimento é comum em todo o hemisfério Norte e seu arbusto é muito espinhento, dificultando a colheita das bagas. Os frutos redondos levam três anos para amadurecer e são inicialmente verdes, passando a azulados e finalmente pretos. São aromáticos, amargos e têm leve sabor de pinho. Quando ficam pretos são secados, espalhados em uma travessa até enrugarem, quando então são armazenados em local seco.

Desde a época bíblica, o zimbro era considerado uma erva mágica, sempre figurando em lendas sobre espíritos maus e histórias sagradas. Por sua propriedade antisséptica, seu aroma tornou-o popular para purificar o ar poluído em lugares cheios de pessoas, especialmente com doentes, protegendo contra epidemias. A Sagrada Família, para esconder seu bebê e fugir do rei Herodes, o teria abrigado sob os ramos de um zimbreiro.

Frutos do zimbro acrescentam um sabor picante aos assados, faisão, aves, molhos para carnes, bem como a marinados e cozidos de caça. Misturam-se bem com outras ervas e aromatizantes e podem ser triturados antes de colocados nos pratos. Com os seus frutos, faz-se uma geleia para acompanhar carnes frias.

Comercialmente, o óleo de zimbro é usado na destilação de gim e do *steinhäger*, entre outras bebidas.

Outras sugestões de uso: Combina bem em marinadas que levam bebida alcoólica, especialmente carnes de caça ou mesmo em uma sobremesa como o crepe Suzette.

{DICA DE COZINHA}

Grãos amassados de zimbro fervidos com vinho tinto fazem uma excelente tintura para aromatizar pratos de sabores mais concentrados.

QUANTIDADES SUGERIDAS DE USO

½ colher de café em 1 ½ kg de assados

½ colher de café em ½ kg de feijão

½ colher de café em molhos para carnes

Lombinho ao zimbro
(4 porções)

Ingredientes

800 g de lombinho de porco limpo de gorduras e nervuras
1 copo grande (300 ml) de vinho branco seco
1 copo americano (200 ml) de água
10 grãos de zimbro amassados
2 folhas de louro
2 dentes de alho
½ cenoura média em rodelinhas
2 cebolas médias picadinhas
½ copo americano (100 ml) de suco de maracujá
3 colheres de sopa de melado ou melaço
3 colheres de sopa de azeite ou óleo
1 colher de sopa de manteiga amolecida
1 colher de sopa de farinha de trigo
Sal e pimenta-do-reino a gosto

MODO DE PREPARO

Leve ao fogo uma panela com o vinho, metade dos grãos de zimbro, a cenoura, o louro, o alho e ¼ das cebolas. Assim que ferver, desligue o fogo, e deixe esfriar. Coloque o tempero de vinho sobre o lombinho todo perfurado com um garfo e deixe marinar na geladeira por pelo menos 6 horas. Vire a carne de tempos em tempos. Escorra o lombinho do tempero e reserve a marinada. Seque a peça com papel toalha retirando qualquer tempero que esteja aderido a ele. Aqueça bem o azeite em uma panela de fundo grosso e junte o lombinho – não mexa enquanto a parte de baixo não ficar dourada. Vire a peça e doure dos outros lados; junte e refogue o restante das cebolas até dourar. Adicione a marinada e cozinhe em fogo baixo com a panela tampada. Assim que o lombinho estiver macio, retire da panela e reserve. Passe o molho por uma peneira e torne a levá-lo ao fogo noutra panela. Junte o suco de maracujá, o melado e o restante do zimbro ao molho. Deixe ferver em fogo baixo. Prove e corrija o tempero. Misture a farinha de trigo com a manteiga até formar uma pasta. Agregue o molho à panela e misture bem para engrossar o molho e não deixar grumos. Fatie o lombinho, sirva com o molho e legumes gratinados.

MISTURAS

Se são inúmeras as especiarias, as misturas já consagradas são em número ainda maior. Escolhemos 25 delas, vindas de várias partes do mundo, para ilustrar como cada povo usou a criatividade para estabelecer seus gostos e aromas, hoje tradicionais.
É fundamental inovar e, quando se conhece bem as especiarias e ervas, pode-se renovar as misturas tradicionais.

ADOBO CUBANO

ORIGEM: Caribe

Mistura de condimentos, ervas e especiarias, o adobo é um tempero muito popular em toda a região caribenha. Este *mix* pode ser usado a seco e esfregado em carnes de vaca, cordeiro, cabrito, galinha ou mesmo polvilhado sobre peixes e frutos do mar, pouco antes de serem preparados.

Na versão molhada, o *mix* é dissolvido em um líquido ácido, normalmente vinagre, suco de laranja azeda, limão ou suco de maracujá. Neste caso, o alimento deve marinar por um período de tempo maior, sendo indicado para carnes mais consistentes que precisam além de ganhar mais sabores ter suas fibras amaciadas.

> **Sugestão de ingredientes:** tomilho, orégano, coentro fresco, alho, cominho e pimenta-do-reino.

BARBECUE

ORIGEM: Estados Unidos

Mistura de diversas especiarias e ervas, tem uso bastante amplo no preparo de churrascos. Serve tanto para temperar carnes vermelhas, em geral, quanto aves, peixes e, até mesmo, legumes.
É mais comercializado industrialmente como molho, pois, misturado com óleo, vinagre ou sucos de frutas ele forma uma pasta para ser besuntada antes ou durante o processo de cocção.

> **Sugestão de ingredientes:** páprica, sal, alho, açúcar, salsa, pimenta-do-reino, canela e gengibre.

BOUQUET GARNI

ORIGEM: França

Clássica combinação francesa de ervas para aromatizar caldos, molhos e pratos ensopados. Colocada no começo do cozimento, com as ervas amarradas ou enroladas em uma gaze, é descartada depois, deixando apenas seus sabores e aromas nos pratos. Sua composição é variável conforme o tipo de preparação desejada.

> **Sugestão de ingredientes:** tomilho, manjerona, salsa e louro.

CAJUN

ORIGEM: Louisiana, Estados Unidos

A culinária *cajun*, tradicional da Louisiana, EUA, é muitas vezes confundida com sua irmã mais *chic* e sofisticada, a *creole*. Apesar de muitas similaridades, existem diferenças na escolha dos ingredientes principais e também nas técnicas de cocção. A *cajun* é a mais rotineira, popular e mais condimentada também. Uma das características desta culinária é uma mistura de temperos, especiarias e ervas, que também se chama *cajun*. Este *mix* tem ampla aplicação na cozinha, pois serve para carnes vermelhas, aves, peixes, frutos do mar e legumes, em grelhados, guisados e estufados. É indicado que se polvilhe a mistura *cajun* e deixe marinar por cerca de 30 minutos antes do cozimento ou grelha.

> **Sugestão de ingredientes:** páprica, manjericão, salsa, cebola, alho, sal, pimenta-do-reino, sassafrás, canela e tomilho.

CHILI POWDER

ORIGEM: México

Mistura que fez fama na culinária mexicana, o *chili powder* nada mais é do que uma mistura de pimentas com ervas e especiarias moídas que pode ter diversos graus de ardência de acordo com as variedades das pimentas, além da utilização ou não de suas sementes. O *chili* serve como tempero para todos os tipos de pratos salgados e também pode aparecer em geleias picantes. O tempero atravessou a fronteira e se tornou também muito comum nos Estados Unidos, principalmente no Texas e na Califórnia. O prato *chili* com carne é o mais emblemático da culinária híbrida chamada de *Tex-Mex*.

> **Sugestão de ingredientes:** pimenta-de-caiena, cominho, páprica, orégano e sal.

CINCO ESPECIARIAS CHINESAS

ORIGEM: China

Esta tradicional mistura de especiarias tem sabor adocicado e ligeiramente picante. Seus aromas são bastante perfumados, principalmente quando a proporção de anis-estrelado é maior que as outras quatro especiarias. Combina muito bem com carnes mais gordurosas assadas ou fritas, tais como porco, cordeiro, pato etc. Além disso, também serve para temperar pratos vegetarianos e até mesmo salada de frutas ou frutas em compotas.

> **Sugestão de ingredientes:** anis-estrelado, funcho, canela, pimenta-do-reino e cravo.

Bombom 1001 perfumes
(rendimento: 20 unidades)

Ingredientes

50 g de amêndoas sem casca torradas
50 g de castanhas de caju torradas
50 g de nozes picadas
50 g de avelãs sem casca
100 g de figo seco
100 g de tâmaras sem caroço
100 g de uvas-passas sem caroço
200 g de damasco seco

100 g de ameixa seca sem caroço
100 g de mel
100 g de açúcar mascavo
100 ml de água
1 colher de sobremesa da mistura cinco especiarias
300 g de chocolate meio amargo para cobertura

MODO DE PREPARO

Pique grosseiramente as amêndoas, as nozes, as avelãs e as castanhas de caju e coloque em um tabuleiro. Leve ao forno a 150°C por 5 minutos até torrar um pouco. Retire do forno e reserve. Passe os damascos, as tâmaras, as passas, as ameixas e os figos secos pela máquina de moer. Reserve. Leve ao fogo o açúcar, o mel e a água e deixe ferver por 5 minutos. Retire do fogo e adicione os ingredientes reservados e a mistura de especiarias. Mexa até formar uma massa homogênea. Coloque na geladeira para esfriar bem.

MONTAGEM

Molde bolinhas com a massa do tamanho desejado e devolva-as para a geladeira. Derreta o chocolate e, com ele, cubra os bombons. Decore à sua maneira.

COLORAU

ORIGEM: Brasil

Mistura típica da culinária brasileira, é encontrado em outras partes do mundo com outra mistura de ingredientes. Por conter uma grande proporção de amido, o colorífico tem menor poder de colorir e dar gosto do que o urucum puro. O seu tempo de cozimento também precisa ser bem maior, principalmente quando o amido é o fubá de milho. Neste caso, deve ser usado logo no começo da preparação, para dar tempo de cozinhar o fubá e engrossar o caldo. O colorífico é mais utilizado para dar uma cor apetitosa do que propriamente gosto aos pratos. É em geral usado em ensopados e cozidos, com destaque para os de galinha, peixes, legumes e cereais, mas serve também para dar cor aos grelhados.

> **Sugestão de ingredientes:** farinha de milho e anato/urucum (algumas regiões acrescentam sal).

Purê de inhame colorido
(4 porções)

Ingredientes

1 kg de inhame, descascado e picado
½ litro de leite
200 ml de creme de leite
50 g de manteiga
1 colher de sopa de colorau
Sal e pimenta-do-reino a gosto

MODO DE PREPARO

Cozinhe o inhame em uma mistura de leite e água suficiente para cobri-lo. Quando estiver macio, retire-o da panela e amasse formando um purê. Coloque a manteiga em uma panela, adicione o inhame amassado e bata muito bem com um *fouet*. Adicione o creme de leite e continue batendo até ficar um purê macio e cremoso. Caso seja necessário, adicione um pouco do leite onde foi cozido o inhame. Junte o colorífico e misture bem até a cor ficar homogênea. Este purê fica mais gostoso quando bem batido e aerado. Tempere com sal e pimenta-do-reino branca. Sirva como guarnição de carnes, aves e peixes.

CREOLE

ORIGEM: Louisiana, Estados Unidos

Mais elaborada e sofisticada do que sua irmã *cajun*, a culinária *creole* tem suas raízes nas cozinhas francesa, espanhola e afro-caribenha. As técnicas de cocção têm forte influência

europeia, assim como a escolha das ervas e especiarias. O sassafrás é o ingrediente principal do mix *creole*, mistura de ervas e especiarias, que é utilizado para temperar tanto em carnes como legumes. Há semelhanças entre a culinária *creole* e a mineira, pois em ambas o quiabo tem papel de destaque; mas lá, a baba é valorizada, pois ajuda a engrossar o molho, coisa que, muitas vezes, é considerada um defeito aqui no Brasil.
> **Sugestão de ingredientes:** páprica, sal, alho, pimenta-do-reino, cebola, pimenta-de-caiena, sassafrás, orégano e tomilho.

Gumbo creole
(4 porções)

Ingredientes
400 g de filé de frango em cubos médios
8 unidades de camarões grandes limpos
200 g de paio sem pele e cortado em cubinhos
300 g de quiabo
1 cebola grande picadinha
3 dentes de alho picadinhos
½ pimentão verde picadinho
2 talos de aipo picadinho
1 cenoura média picadinha
2 tomates grandes sem pele e sem sementes picados
400 ml de caldo de galinha frio
½ maço de cebolinha verde picadinha
1 colher de sopa de *mix creole*
3 colheres de sopa de manteiga
3 colheres de sopa de farinha de trigo
3 colheres de sopa de azeite
Sal e pimenta-do-reino a gosto

MODO DE PREPARO
Faça um *roux*, colocando a manteiga e a farinha de trigo em uma panela pequena e levando ao fogo baixo, mexendo constantemente para não queimar. Continue mexendo até a mistura ficar escura, torrada, mas não queimada. Retire da panela e deixe esfriar. Coloque metade do azeite em uma panela de fundo grosso e aqueça bem. Adicione alho, cebola, aipo e o pimentão e refogue por cerca de 10 a 15 minutos até a cebola ficar transparente. Retire e reserve. Tempere o frango com sal e pimenta-do-reino. Aqueça bem o restante do azeite e doure os pedaços de frango de todos os lados, retire e reserve. Na mesma panela, refogue em fogo baixo o paio por uns 5 minutos. Junte o *roux* e misture bem. Agregue o frango e o caldo de galinha, misturando bem para dissolver todo o *roux*. Junte os legumes refogados e cozinhe em fogo brando por uns 20 minutos ou até o frango ficar macio. Junte o tomate e o quiabo picadinho e cozinhe por mais uns 20 minutos, até o quiabo ficar macio, solte a baba e ajude a engrossar o molho. Junte os camarões e cozinhe por mais 2 a 3 minutos, corrigindo o tempero com sal e pimenta-do-reino. Sirva com arroz branco.

CURRY
ORIGEM: Índia
O *curry* é talvez a mais conhecida das misturas de especiarias. Muito difundida, tem milhares de receitas diferentes, mas todas com uma grande variedade de temperos. Além disso, cada pessoa faz a proporção entre as especiarias de forma diferente. Rico em sabores, aromas e cores, o *curry* serve para temperar praticamente todos os tipos de alimentos. Dá gosto e cor a molhos, pastas, patês etc. Serve também como tempero para pescados, carnes vermelhas, aves e até mesmo algumas sobremesas. O segredo da boa utilização do *curry* segue a mesma norma para qualquer especiaria: o acerto na dosagem.
> **Sugestão de ingredientes:** coentro, cominho, cúrcuma, gengibre, mostarda, feno-grego, canela, cravo, cardamomo e pimenta-do-reino.

Trouxinhas de bananas ao curry
(4 unidades)

Ingredientes
8 unidades de banana-prata
8 colheres de sopa (120 g) de açúcar cristal
50 g de manteiga sem sal
8 folhas de massa filo em quadrados de 15 cm x 15 cm
1 xícara de chá de pão de ló ou bolo esfarelado grosseiramente
1 colher de chá de *curry*

MODO DE PREPARO
Faça uma calda rala de caramelo com o açúcar e água. Pique as bananas e polvilhe o *curry* por cima. Aqueça ¾ da manteiga e frite as bananas. Assim que ficarem douradas, junte a calda de caramelo e cozinhe em fogo baixo até elas ficarem cozidas e com pouco caldo. Reserve e deixe esfriar. Derreta o restante da manteiga e com um pincel besunte um pedaço da massa, cubra com outro pedaço, colocando-o de forma desencontrada. Pincele com manteiga, coloque um pouco do pão de ló no centro da massa e por cima deste coloque o recheio de banana. Feche as pontas da massa formando uma trouxinha. Repita o processo até terminar todas elas. Pincele a parte externa com mais manteiga – isso deixa a trouxinha mais brilhante e atraente. Asse a 200°C por uns 30 minutos ou até ficarem douradinhas. Sirva quente com sorvete de coco ou baunilha.

DUKKAH
ORIGEM: Egito
Além de deliciosa mistura de sabores, o *dukkah* tem na textura uma de suas melhores qualidades. A mistura de frutas secas e nozes temperadas com especiarias tem diversas aplicações culinárias, podendo até ser usada para fazer crostas em peixes e frangos antes de grelhados ou assados. O *dukkah* serve também para dar sabor e crocância em saladas ou até mesmo em sorvetes. Na Turquia, ela é comida com pão molhado no azeite.
> **Sugestão de ingredientes:** avelã, pistache, gergelim, coentro, cominho, sal e pimenta-do-reino.

Molho de iogurte e dukkah
(4 porções)

Ingredientes
2 copinhos de iogurte natural (usar como medida)
1 copinho de maionese
2 colheres de sopa de azeite de oliva
2 colheres de sopa de *dukkah*
1 colher de sopa de mel
1 colher de chá de cúrcuma ou urucum, de acordo com a cor desejada
Sal a gosto

MODO DE PREPARO
Misture bem o iogurte, a maionese, o azeite, o mel, a cúrcuma ou urucum com um batedor. Agregue o *dukkah*, misturando; e corrija o tempero com sal. Este molho fica mais gostoso feito pouco antes de ser servido, pois assim, ele fica mais crocante.

FINES HERBES
ORIGEM: França
Como o nome sugere, esta mistura tem um delicado balanço de aromas. Pode variar de ingredientes de acordo com a disponibilidade e, muitas vezes, até mais de dez tipos de ervas são reunidas para formar este tempero. Quando usadas secas, devem ser colocadas durante o cozimento, já a mistura feita com ervas frescas, deve ser adicionada ao prato nos últimos segundos da preparação, para não perder

o frescor e nem sofrer alteração nas cores. Combinam muito bem com outros ingredientes de sabores mais delicados e ficam deliciosas quando adicionadas a omeletes e suflês. Servem para aromatizar produtos frios, tais como manteigas, azeites temperados, vinagrete para saladas e maioneses. E também molhos quentes, para carnes, aves, pescados e uma variedade de legumes.

> **Sugestão de ingredientes:** salsa, cerefólio, endro e estragão.

GARAM MASALA

ORIGEM: Índia

Seu nome significa literalmente mistura (*masala*) de todas as especiarias (*garam*). Apesar de muitos de seus ingredientes serem mais utilizados na culinária ocidental para aromatizar produtos de confeitaria, como é o caso da canela, cravo, noz-moscada e macis, o *garam masala* é um ingrediente fundamental na culinária indiana. Pode ser utilizado nos mais diferentes tipos de pratos, podendo servir para temperar carnes, aves, pescados e legumes. O *garam masala* em pó fica melhor quando utilizado nos momentos finais do cozimento, para assim tirar melhor proveito de suas qualidades.

> **Sugestão de ingredientes:** funcho, canela, coentro, pimenta-do-reino, macis, cravo e cardamomo.

Arroz com coca-cola
(4 porções)

Ingredientes

200 g de arroz lavado e escorrido
0,4 litro de coca-cola normal
2 colheres de sopa de azeite de oliva
1 cebola pequena picadinha
2 colheres de sopa de pimentão verde picadinho
2 colheres de sopa de pimentão vermelho picadinho
1 colher de sopa de manteiga
1 colher de sobremesa de *garam masala*
30 g de passas sem caroço (demolhar em água morna)
30 g de nozes picadinhas
16 unidades de uvas verdes sem caroço partidas ao meio (thompson)
2 colheres de sopa de salsinha picadinha
Sal a gosto

MODO DE PREPARO

Aqueça o azeite em uma panela pequena e nele refogue a cebola e os pimentões até ficarem macios; junte o arroz e refogue mais um pouco; junte a coca-cola e o sal. Abaixe o fogo, cozinhe até o arroz absorver todo o líquido e ficar macio. Em uma frigideira grande, derreta a manteiga e assim que ela começar a dourar, junte o *garam masala*, as nozes, as passas escorridas e a salsinha; mexa um pouco. Junte a mistura de nozes e passas ao arroz, acrescente metade das uvas e misture bem. Sirva quente, use alguns elementos da receita para enfeitar o prato.

GERSAL

ORIGEM: Japão

Como o próprio o nome diz, o gersal é uma mistura de gergelim torrado e sal. A proporção entre esses dois ingredientes é que vai definir a melhor maneira de utilizá-lo. Por conta do forte paladar do gergelim torrado, o gersal pode substituir o sal puro em inúmeras preparações. Além de reduzir o teor de sódio nas receitas, esta mistura acrescenta nutrientes importantes como proteínas, vitaminas, fibras e minerais. Pode ser salpicado sobre pratos prontos, desde uma simples pipoca até pratos mais elaborados. Tempero típico da cozinha macrobiótica.

> **Sugestão de ingredientes:** gergelim branco, gergelim preto e sal.

Arroz integral frito com nirá e gersal
(4 porções)

Ingredientes

4 xícaras de chá de arroz integral cozido, solto e sem sal
4 colheres de sopa de molho shoyu
2 colheres de sopa de gersal
1 xícara de chá de nirá picadinho
2 colheres de sopa de azeite ou óleo

MODO DE PREPARO

Aqueça o azeite em uma frigideira e refogue o nirá por uns 5 minutos ou até ficar macio, junte o arroz cozido e frite um pouco até aquecer bem. Adicione o molho de soja e a metade do gersal. Misture bem. Coloque em uma travessa e polvilhe o restante do *gersal*.

HARISSA

ORIGEM: Tunísia

Por ter a pimenta-vermelha como ingrediente básico, a *harissa* é uma das mais picantes misturas que existe. Pode ser usada como guarnição de pratos, como fazemos no Brasil com os molhos de pimenta, ou adicionada na preparação de diversas receitas. Seu uso mais conhecido é para temperar os guisados servidos com cuscuz. Quando diluída em molho de tomate, a *harissa* se transforma em uma deliciosa pasta para acompanhar salgadinhos, *crudités*, pães e torradas. Além disso, misturada com iogurte faz uma das mais deliciosas marinadas para os *kebabs*, ou seja, os famosos espetinhos de cordeiro, galinha etc.

> **Sugestão de ingredientes:** pimenta calabresa, menta, alho, páprica, coentro, alcarávia, pimenta-do-reino, cravo e cardamomo. Para a pasta, acrescente água e óleo.

Kebab de frango com abacaxi
(4 porções)

Ingredientes

500 g de peito de frango cortado em cubos médios
4 rodelas de abacaxi em calda (bem escorridas)
1 xícara de chá de folhas de hortelã
300 g de iogurte natural
1 colher de sopa de harissa
2 colheres de sopa de azeite
Sal a gosto

MODO DE PREPARO

Misture a *harissa* com o iogurte até formar um creme homogêneo. Tempere o frango com sal e junte ao iogurte de *harissa*, deixe marinar por pelo menos 3 horas. Deixe os espetinhos de bambu ou madeira de molho em água por cerca de 2 horas. Pique as rodelas de abacaxi com tamanho compatível com os cubos de frango. Escorra os cubos de frango do tempero e retire o excesso da marinada. Coloque um cubo de frango no espetinho e, em seguida, espete um pedaço do abacaxi e prenda uma folha de hortelã dobrada. Repita a operação até completar o espetinho. Besunte os espetinhos com azeite e grelhe na churrasqueira, no forno quente, chapa ou frigideira. Sirva com salada refrescante de pepino e tomate.

HERBES DE PROVENCE

ORIGEM: França

Ingredientes essenciais da culinária provençal, as ervas da Provença são misturas que podem conter mais de uma dezena de diferentes temperos. A maioria deles é de ervas comuns da culinária que podem, às vezes, ser misturadas com flores de lavanda e/ou raspas de laranja, o que dá à mistura aromas florais e cítricos que enriquecem os sabores dos pratos com elas preparados. São fundamentais na dieta mediterrânea, pois seu uso serve para substituir parte do sal e das gorduras nos pratos, sem que estes percam o sabor. As ervas provençais são usadas no preparo de molhos de saladas, para temperar pescados, aves, carnes, legumes e até mesmo queijos. Ficam deliciosas misturadas com azeite ou manteiga para besuntar pão, regar pizzas, massas, e legumes assados.

> **Sugestão de ingredientes:** tomilho, manjerona, salsa, estragão, lavanda, salsão e louro.

LEMON PEPPER

ORIGEM: Estados Unidos

A mistura tradicional é feita com apenas dois ingredientes: raspas de limão e pimenta-do-reino. Mas o *lemon pepper* tem sofrido modificações, com a adição de novos ingredientes que podem ir deste simples especiarias até condimentos (como sal, açúcar, cebola e alho em pó), mas a adição de ácido cítrico – conhecido como sal de limão – em vez das raspas naturais, é que aumenta o sabor de forma nada sutil. Além do limão, outros cítricos, como laranjas, tangerinas e limas podem ser usados. No Brasil, o uso de limão está, muitas vezes, associado a pratos com peixes e frutos do mar, mas o *lemon peper* pode ser usado de forma mais ampla, temperando legumes, saladas, molho para massa, carnes vermelhas, aves e até mesmo para dar um toque especial em alguns drinks etc.

> **Sugestão de ingredientes:** casca de limão e pimenta-do-reino.

PACH PHORAN

ORIGEM: Índia

Esta é a versão indiana da região de Bengala das Cinco Especiarias chinesas, só que com elementos diferentes. Apesar de sua composição poder variar de acordo com quem as prepara, a *pach phoran* é, em geral, preparada com a mesma proporção de nigela, mostarda escura, feno-grego, erva-doce e cominho. Tem sabores mais acentuados, mas por outro lado, com aromas menos intensos e marcantes do que a mistura chinesa. A mistura pode ser feita com as sementes moídas ou inteiras. Na preparação dos pratos, a *pach phoran* deve ser adicionada logo no primeiro momento da cocção, sendo aquecida com o óleo na panela antes da adição dos demais ingredientes. Serve para incrementar os sabores de carnes, pescados, verduras e legumes refogados ou salteados, ou também, em ensopados de oleaginosas, com destaque para pratos com lentilhas e feijões.

> **Sugestão de ingredientes:** mostarda, nigela, cominho, feno-grego e funcho.

Taioba gratinada ao pach phoran
(4 porções)

Ingredientes

1 maço grande de taioba
2 colheres de sopa de azeite
2 dentes de alho picadinho
1 colher de chá de *pach phoran*
2 xícaras de chá de molho branco grosso
50 g de queijo parmesão
2 colheres de sopa de pão duro ralado
Sal a gosto

MODO DE PREPARO

Lave e seque bem as folhas de taioba. Junte um punhado delas, faça um rolo e pique bem fino como se fosse couve à mineira. Aqueça o azeite em uma frigideira, junte o *pach phoran* e deixe esquentar bem até soltar seus aromas. Adicione a taioba e mexa. Cozinhe por uns 2 minutos ou até a taioba murchar bem. Tempere com sal e retire do fogo. Misture a taioba com o molho branco e transfira para uma vasilha refratária untada com azeite ou manteiga. Misture o queijo com o pão ralado e polvilhe sobre a taioba. Leve ao forno a 180°C por cerca de 15 minutos ou até ficar com uma crosta dourada. Sirva como guarnição de carnes ou como prato principal de uma refeição vegetariana.

PIMENTA SÍRIA
ORIGEM: Oriente Médio
Também conhecida por *ba-har* ou *baharat*, esta mistura é normalmente preparada com quatro especiarias bastante aromáticas, mas com pouco poder de ardência. Por isso, seu emprego na culinária é bastante difundido, principalmente no Oriente Médio. Não seria exagero dizer que se trata de uma mistura multiuso, pois pode ser usada em praticamente qualquer tipo de prato. Podendo temperar carnes de cordeiro, vaca, aves, pescados, molho, sopas e até mesmo sobremesas. Pode ser empregada no início do preparo, sendo aquecida no óleo do refogado, ou polvilhada sobre pratos prontos.
> **Sugestão de ingredientes:** pimenta-do-reino, pimenta-da-jamaica, canela, cravo e noz-moscada.

Torta de triguilho, abóbora, gorgonzola e nozes
(4 porções)

Ingredientes
150 g de trigo de quibe
300 g de polpa de abóbora kabochã assada e amassada como purê
100 g de queijo gorgonzola (ralado no ralo grosso)
50 g de nozes sem cascas
½ cebola média picadinha
¼ molho de salsinha picadinha
⅓ molho de cebolinha picadinha
1 colher de sobremesa de pimenta síria
½ colher de sopa de azeite ou óleo para untar
Sal a gosto

MODO DE PREPARO
Coloque o trigo de quibe em uma tigela e cubra com 1 litro de água fervente. Deixe hidratar por 10 minutos; escorra e esprema bem para retirar toda a umidade excessiva. Misture o trigo espremido com a abóbora, o gorgonzola ralado, a cebola, a salsinha, a cebolinha e a pimenta síria. Separe algumas nozes bonitas para enfeitar e pique o restante de forma grosseira. Junte as nozes picadas à massa, prove o tempero e salgue a gosto. Unte com o azeite uma vasilha refratária de tamanho compatível com a quantidade de massa. Espalhe bem a massa sobre a vasilha, deixando-a com uma altura de uns 3 cm. Alise bem a superfície e com uma faca faça marcações quadriculadas na massa. Coloque um pedaço da noz no centro de cada quadrado e leve ao forno aquecido a 180°C por uns 30 minutos ou até a torta ficar tostada e firme. Sirva com salada verde variada. Esta massa também pode ser modelada como quibe colocando mais queijo como recheio e fritando.

QUATRE EPICES
ORIGEM: França
Esta mistura muito utilizada na Europa para temperar carnes de caças ou carnes em conservas, principalmente nos embutidos e nos patês, pode ser também encontrada na culinária do Oriente Médio. Apesar do nome ser quatro especiarias, às vezes encontramos a mistura usando cinco delas, quando se inclui canela. Em alguns casos, a pimenta-do-reino branca é suprimida da mistura, passando a ser composta por cravo, canela, gengibre e noz-moscada, esta formulação é usada para temperar doces, bolos e tortas.
> **Sugestão de ingredientes:** pimenta-do-reino branca, noz-moscada, gengibre e cravo.

RAS EL HANOUT

ORIGEM: Marrocos

Ras el hanout é talvez a mais sofisticada e intrigante mistura de especiarias. Esta combinação de muitos produtos parece ter um forte efeito sinérgico, o que faz dela um produto muito especial. O sabor forte sentido no início é acompanhado por uma sucessão de sabores sutis emanando aromas florais, sabores picantes e quentes, de algum modo similares ao *curry*, só que muito mais refinado. Além das qualidades gustativas e aromáticas, o *ras el hanout* ainda dá uma bela coloração dourada aos pratos. Seu uso na cozinha é bastante extenso combinando muito bem com carnes de cordeiro, galinha, peixes, frutos do mar, legumes, arroz, cuscuz etc.

> **Sugestão de ingredientes:** páprica, cominho, gengibre, coentro, canela, cúrcuma, pimenta-da-jamaica, cardamomo, endro, galanga, noz-moscada, louro, alcarávia, cravo, macis, pimenta-do-reino, funcho e pimenta cubeba.

SAMBAR MASALA

ORIGEM: Índia

Apesar da mistura conter mais de dez diferentes especiarias, ela tem um sabor não muito acentuado porque a proporção de pimenta (*chili*) é relativamente pequena em comparação aos demais ingredientes. Além disso, ela contém farinha de grão-de-bico e sal, que ajudam a diluir os sabores mais picantes. *Sambar* também é o nome de uma famosa sopa indiana de lentilhas, que é temperada com esta mistura. Seu uso é amplo na culinária vegetariana, mas também fica deliciosa para ser polvilhada sobre frango ou frutos do mar antes de serem salteados.

> **Sugestão de ingredientes:** folhas de *curry*, coentro, cominho, pimenta-do-reino, sal, feno-grego, *amchur* (especiaria feita com manga verde seca, picadinha ou em pó), mostarda, canela, cúrcuma e assa-fétida, *chilli* e farinha de grão-de-bico.

Camarão com sambar masala e manga
(4 porções)

Ingredientes

500 g de camarões médios limpos e descascados
1 manga grande madura, mas ainda bem firme
4 colheres de sopa de óleo
1 colher de sopa de *sambar masala*
50 ml de vinho branco seco
1 colher de sopa de folhas de coentro
Sal a gosto

MODO DE PREPARO

Pique a manga em cubos de 2 centímetros de aresta e reserve. Polvilhe o sambar sobre os camarões e misture bem. Aqueça bem uma frigideira grande e junte metade do óleo. Adicione metade dos camarões e salteie-os no fogo bem forte até ficarem avermelhados e opacos, cerca de 2 minutos de cocção. Retire os camarões e reserve em local aquecido. Repita a mesma operação com a outra metade dos camarões. Volte a frigideira ao fogo e salteie os cubos de manga por 1 minuto, junte o vinho branco e deixe evaporar, torne a levar os camarões para a frigideira, adicione a metade do coentro e misture rapidamente. Prove o tempero e corrija com um pouco de sal ou de *sambar*. Coloque nos pratos e ponha o restante do coentro por cima.

SHISHIMI-TOGARASHI

ORIGEM: Japão

Também conhecida como tempero dos 7 sabores, esta mistura tem uma granulometria um pouco grosseira, pois os ingredientes não são totalmente moídos, sendo alguns apenas quebrados, fazendo dele um tempero complexo que dá ao prato não só aroma e sabor, mas também diferentes texturas. Apesar de usar as pimentas calabresa e *szechuan* (ou fagara) em maior proporção que os demais ingredientes, o *shishimi-togarashi* não é tão picante. Algumas variações usam algas trituradas, o que dá um gosto marinho bem sutil e agradável. É bem versátil na cozinha, pois além de tempero para cocção, também faz parte dos condimentos que vão direto para a mesa para polvilhar a comida já pronta, as sopas, massas, frituras e muitos outros pratos da cozinha quente japonesa. Hoje o *shishimi* atravessou as fronteiras e é usado mundo afora para marinar carnes, peixes, legumes e frutos mar que serão grelhados.

> **Sugestão de ingredientes:** pimenta calabresa, pimenta fagara, casca de tangerina, gergelim branco, gergelim preto, papoula e mostarda.

TANDOORI

ORIGEM: Índia

Como as demais misturas indianas de especiarias, a *tandoori* – que tem o mesmo nome do famoso forno indiano – não tem uma receita padrão. O que se diz é que cada cozinheiro na Índia tem suas próprias fórmulas e proporções. Claro que alguns ingredientes estão sempre presentes, mas cada *mix* tem sua identidade própria de aromas e sabores, mas sempre apresenta a cor vermelha característica da mistura. Pimenta-vermelha seca do tipo *chilli*, fagara, urucum e até mesmo corante artificial vermelho são usados para dar aquela cor que precisa ser vibrante e atraente. Pode-se usar marinada com iogurte. É tão tradicional no frango, mas também nas carnes em geral. Misturado com azeite, faz-se uma pasta que pode temperar e dar uma cor linda a churrascos e batatas assadas. Seco, pode ser adicionado em massas para pão, massas frescas lisas ou recheadas.

> **Sugestão de ingredientes:** canela, coentro, cominho, cravo, macis, cúrcuma, gengibre, *amchur*, pimenta dedo-de-moça e sal.

ZATHAR

ORIGEM: Oriente Médio

A combinação das ervas e das especiarias que compõem o *zathar* dá a ele uma intrigante multiplicidade de sabores e aromas. Conforme a proporção da mistura, pode ter gostos penetrantes em virtude do sumagre; herbáceos, por conta da manjerona, orégano ou tomilho; e sabores de nozes por causa do gergelim torrado. Essas características dão a esta mistura cada vez mais popular possibilidades de amplo uso na cozinha e também na padaria. Misturado com farinha de rosca ou pão ralado, ele serve para fazer crostas para peixes, frango ou mesmo um lombinho assado. É delicioso ainda em uma pasta feita com azeite para espalhar em torradas.

> **Sugestão de ingredientes:** tomilho, gergelim, sumagre e sal.

Palitos folhados de zathar
(20 unidades)

Ingredientes

400 g de massa folhada
100 g de queijo parmesão ralado fino
2 colheres de sopa de *zathar*
3 colheres de sopa de azeite de oliva
1 colher de sobremesa de sal grosso
Farinha de trigo para polvilhar

MODO DE PREPARO

Enfarinhe uma mesa com farinha de trigo; abra a massa com ajuda de um rolo até formar um retângulo de 0,5 cm de espessura. Besunte a massa com o azeite, deixando uma beirada de 1 cm em volta dela sem untar. Polvilhe o queijo e o *zathar* sobre a área com azeite, passe o rolo de leve por cima para fixar o recheio. Dobre a massa ao meio, cuidando para fechar bem os cantos. Deixe descansar por 15 minutos na geladeira. Abra a massa até formar um retângulo de 30 cm x 20 cm. Corte em tiras (20 tiras no sentido da largura), torça-as com cuidado e coloque-as em um tabuleiro ligeiramente umedecido. Asse a 180°C por cerca de 20 minutos ou até ficarem dourados e crocantes.

ZHUG

ORIGEM: Iêmen

Mistura em forma de pasta que tem aparência do molho *pesto*, o *zhug* é uma espécie de molho no qual o coentro fresco desempenha o papel principal. Picante pela adição de pimenta-vermelha e pimenta-do-reino, ele tem toques de acidez dados pelo suco de limão, aromas e sabores mais acentuados provenientes do cominho e do cardamomo. A adição de azeite de oliva serve para amalgamar todos os ingredientes e também para ajudar a preservá-lo. Apesar de ser mais usado como condimento de mesa, para temperar *shoarma* e *falafel*, ou para passar no pão com *houmus tahine*, ele também pode ser adicionado a sopas, massas, ensopados, carnes grelhadas e mais uma infinidade de pratos, da mesma forma que o molho *pesto*.

> **Sugestão de ingredientes:** alho, sal, cominho, coentro fresco, limão, cardamomo, pimenta-malagueta, pimenta-do-reino e azeite.

REFERÊNCIAS

ALGRANTI, Márcia. *Pequeno dicionário da gula*. Rio de Janeiro: Record, 2000.

AZEVEDO, Téo. *Plantas medicinais, benzeduras e simpatias*. São Paulo: Global, 1984.

BENDER, Arnold E. *Dicionário de nutrição e tecnologia de alimentos*. São Paulo: Roca, 1982.

BROTHWELL, Don; BROTHWELL, Patricia. *Food in antiquity*: a survey of the diet of early peoples. London: John Hopkins University Press, 1998.

CARPER, Jean. *The food pharmacy*: dramatic new evidence that food is your best medicine. London: Simon & Schuster, 1989.

_____. *Culinary artistry*. New York: Van Nostrand Rienhold, 1996.

_____. *The flavor bible*. New York: Litle Brown, 2009.

FLANDRIN, Jean-Louis; MONTANARI, Massimo. *História da alimentação*. São Paulo: Estação Liberdade, 1998.

GAMBRELLE, Fabienne. *Spices*. Paris: Flammarion, 2008.

HEMPHILL, Ian. *The spice and herb bible*. Toronto: Robert Rose, 2006.

HERBST, Sharon Tyler. *Food lover's companion*: comprehensive definitions over 4000 food, wine and culinary terms. New York: Barron's Education Series, 1995.

JOACHIM, David. *The food substitutions bible*. Toronto: Robert Rose, 2005.

LABENSKY, Sarah R.; HAUSE, Alan M. *On cooking*: techiniques from expert chefs. New Jersey: Prentiche Hall, 1995.

LAWSON, Jane. *Specerijen*: de kleurrijke wereld van geuren, smaken en toepassingen. Houten: Van Dishoeck, 2008.

LÉONARDI, Georgio. *Panorama da cozinha erótica*: 182 receitas afrodisíacas. Lisboa: A.M. Pereira, [s.d.].

LINGUANOTTO NETO, Nelusko. *Dicionário gastronômico de ervas e especiarias com suas receitas*. [S.l.]: Gaia, 2006.

MCFADDEN, Christine. *Pepper*: the spice that changed the world. Bath: Absolute Press, 2008.

NORMAN, Jill. *The complete book of spices*. [S.l.]: Viking Studio Books, 1995.

NORMAN, Jill. *Herbs & spices the cook's reference*. Nova York: DK Publishing, 2002.

ORTIZ, Elisabeth Lambert. *Bons sabores*: guia prático para cozinhar com ervas aromáticas, especiarias & condimentos. Lisboa: Verbo, 1992.

RAICHELEN, Steven. *The new Florida cuisine Miami spice*: Latin America, Cuba & Caribbean meet in the tropical heart of America. New York: Workman Publissing, 1993.

RIDGWELL, Jenny. *Finding about the food*. Oxford: Oxford University Press, 1987.

STELLA, Alain. *The book of spices*. Paris: Flammarion, 1998.

STOBART, Tom. *Il libro delle erbe delle epezie e degli aromi*. Rome: Mondadori, 1972.

TRAGER, James. *The food chronology*: a food lover's compemdium of eventes and anecdotes, from prehistory to the present. New York: Henry Holt and Company, 1995.

ZURLO, Cida; BRANDÃO, Mitzi. *As flores comestíveis*: descrição, ilustração e receitas. Rio de Janeiro: Globo, 1989.